짧게 쓴 프랑스 혁명사

FURANSU KAKUMEI SHOSHI
by Kenji Kawano

Copyright © 1959, 1996, 2015 by Haruki Kawano
First published 1959 by Iwanami Shoten, Publishers, Tokyo.
This Korean edition published 2018 by Dourei Publication Co., Seoul
by arrangement with the Proprietor c/o Iwanami Shoten, Publishers, Tokyo.

# 짧게 쓴 프랑스 혁명사

가와노 겐지 지음
한승동 옮김

**두레**

# 머리말

시간의 흐름은 멈추려고 해도 멈출 수 없다. 우리는 끝없는 시간의 흐름 속에 떠밀려가고 있다. 민족의 역사도 많은 경우 이와 마찬가지일 것이다.

혁명은 민족이 역사에 떠밀려가는 것이 아니라 정신의 자립성을 선명하게 역사 속에 확립하는 작업이다. 그것은 강렬한 의지와 행동의 축적이다. 이때 민족은 무한한 힘을 자각하게 되고 시간의 흐름은 흡사 멈춘 듯이 보인다. 사회의 모든 관계, 모든 가치는 역전돼 강대한 것은 비소卑小해지고 비소한 것은 강대해진다. 그리하여 민족은 역사의 주체가 돼 자기 존재를 영원히 세계사 속에 새겨 넣게 된다.

1789년부터 10년간은 프랑스인이 세계사의 주역을 담당했던 시기다. 프랑스 혁명이라 불리는 이 혁명은, 이른바 부르주아 혁명의 모범일 뿐 아니라, 역사상 모든 혁명의 모범으로 불린다. 하지만 이 혁명도 역시 인간이 일으킨 혁명이다. 프랑스 혁명을 이상화한 나머지 이따금 볼 수 없는 것을 이 혁명 속에서 보거나, 반대로 봐야 할 것을 보지 못한 경우가 있다. 그런 편견에서 벗어나 나는 이 혁명을 인간이 일으킨 인간다운 혁명으로 다시 봐야 한다고 생각했다. 이 혁명은 인간의 강점과 약점, 아름다움과 추함을 동시에 지닌 것이고, 또 바로 그 때문에 모범적인 혁명으로 평가받아야 할 필요가 있다.

프랑스 혁명에 대해서는 지금까지 이미 수많은 글들이 씌어졌다. 혁명과 관련한 인물이나 사건에 대해 대강 얘기해보려고만 해도 책 몇 권의 지면이 필요한 경우가 보통이다. 그러나 많은 사건이나 인물을 늘어놓기만 하면 그것으로 프랑스 혁명을 이해했다고 할 수 있을까. 나는 그렇게 생각하지 않는다. 프랑스 혁명만 그런 건 아니지만, 역사를 공부한다는 것은 결국 현재 살아 있는 사람으로서 과거의 경험이나 사실에 제각각의 중요도를 부여하고, 취사선택을 하고, 관련 상황을 따져보려고 시도하는 것이리라.

프랑스 혁명 연구자인 영국인 톰슨(James Matthew Thompson, 1878~1956)은 이렇게 말했다. "혁명의 역사를 쓰는 데는 서술을 좀 줄이고 사색을 좀 더 많이 할 필요가 있다. 왜냐하면, 뭐라 해도 모든 사건이 꼭 같은 중요성을 지니고, 모든 인물이 꼭 같은 의미를 지니며, 모든 법률이나 제도가 사회의 진로에 꼭 같은 영향을 끼치는 것은 아니기 때문이다"(『로베스피에르와 프랑스 혁명』). 나는 이 주장에 찬성한다. 이 소책자에서 내가 시도한 것이 바로 그것이다.

"서술을 줄이고 사색을 많이 하는" 작업과정에서 나는 사회과학의 힘에 많이 의지했다. 사회과학이야말로 역사를 풀어가는 유일한 방법이라고 얘기하진 않겠지만 가장 근본적인 방법이라고 나는 생각하기 때문이다. 하지만 이는 이 책을 읽기 어려운 것으로 만들었는지도 모르겠다. 원고 매수의 제한이 이 책을 한층 더 어렵게 만든 건 아닌지도 걱정된다.

그러나 좀 더 상세하게 프랑스 혁명을 알고 싶어 하는 사람에게는 번역서도 연구물도 이미 많이 나와 있다. 또 나로서는 이 책을 쓰는 계기가 된 우리의 공동연구 성과를 꼭 참조해줬으면 좋겠다(구와바라 다케오桑原武夫 편, 『프랑스 혁명 연구』, 이와나미 서점 간행). 나는 이 공동연구에서 많은 가르침을 받았는데, 한편으론 상세한 분석을 그 책에 맡겨버린 경우도 많다.

이 책은 매우 많은 점에서 시종일관 구와바라 다케오 교수한테서 도움을 받았다. 감사하기 그지없다. 그리고 공동연구 참가자인 마에카와 데이지로前川貞次郎, 히구치 긴이치樋口謹一, 요시다 시즈카즈吉田靜一, 마쓰오카 다모쓰松岡保 씨한테서도 도움을 받았다. 또 기타야마 시게오北山茂夫 씨는 늘 격려의 말씀을 해주셨다. 이와나미 신서 편집부의 나카지마 요시카쓰中島義勝 씨를 번거롭게 해드린 적도 한두 번이 아니다. 이상 여러분들을 비롯해 공동연구 등으로 폐를 끼친 분들에게도 깊이 감사드린다.

가와노 겐지

# 차례

머리말                                                5

서장序章 역사 속의 혁명                              13

1장 혁명과 계급                                       27
   1. 절대왕정                         29
   2. 혁명적 계급                      35
   3. 혁명과 계급들                    42

2장 계몽사상                                          49
   1. 계몽의 세기                      51
   2. 혁명사상                         55

3장 혁명의 계기                                       71
   1. 전쟁과 개혁                      73
   2. 귀족의 저항                      80

4장 왕과 의회와 민중(1789~1791)                      87
   1. 삼부회                           89
   2. 민중의 투쟁                      97
   3. 제헌의회                         106
   4. 국왕의 도주                      121

**5장 전쟁과 혁명**(1791~1792)    **125**

    1. 입법의회    127

    2. 8월 10일 혁명    133

**6장 혁명과 민중**(1792~1794)    **145**

    1. 혁명파 내부의 싸움    147

    2. '자유의 전제專制'    163

**7장 부르주아 국가의 출현**(1794~1799)    **183**

    1. 테르미도르파의 지배    185

    2. 균형권력을 향하여    192

**종장終章 "혁명은 끝났다"**    **203**

- 프랑스 혁명 인물 약전略傳    214
- 프랑스 혁명 약연표略年表    231
- 옮긴이 후기    236

옛날부터 민(民, 백성)이 난을 일으키는 것은, 꼭 처음부터 난을 일으키고자 해서가 아니다. 백성은 대개 가장 흉포한 자일지라도 스스로 좋아서 난을 일으키지는 않는다. 홀로 난을 일으키는 것을 좋아하지 않아서가 아니라 난을 일으키기를 두려워한다. 그들이 먼저 난을 일으키는 걸 두려워하는데도 돌연 난을 일으키게 만드는 것은 무엇인가. 세勢가 그렇게 만든다. 세라는 것은 인심人心이 자연스레 터져나오는 것이라고 하나 원래 위정자의 힘이 커질 때 생긴다. 위정자 스스로 그 세를 격발시켜 백성이 난을 일으키게 만들 때 그 죄는 백성에 있지 않고 위정자에게 있다.

나카에 초민中江兆民,《동양자유신문》

메이지 14년(1883) 4월

## 일러두기

- 책은『 』, 잡지나 신문은《 》, 글이나 논문은「 」, 노래나 작품 제목은 〈 〉 등으로 표시했다.
- •• '옮긴이 주(註)'는 본문 속에서 괄호 안에 설명을 넣은 뒤 '옮긴이'라고 표시했다.
- ••• 인명과 지명, 간행물 등의 원어는 처음 나올 때만 한글과 병기했다.
- •••• 이 책에 실린 모든 이미지(13, 27, 49, 71, 87, 125, 145, 183, 203쪽 제외)의 출처는 "위키피디아(위키미디어 코먼스wikimedia commons)"이다.

# 서장序章 역사 속의 혁명

• 앞 쪽 그림 설명:    혁명가의 한 구절인 "카르마뇰(carmagnole, 프랑스 혁명 때 유행한 노래
와 춤―옮긴이)을 추자, 포성 만세" 구절을 형상화한 것. 중앙의 문양
꼭대기에 있는 것은 혁명모자.

1789년 유럽의 한 나라 프랑스에서 대혁명이 일어났다. 1789년이라는 해는 일본에서는 도쿠가와德川 시대 말기, 간세이 개혁(政の改革, 에도江戶시대에 다이묘大名인 마쓰다이라 사다노부松平定信가 막부 각료인 로쥬老中 재임기간인 1787~1793년에 주도한 막부 개혁—옮긴이) 시기에 해당한다. 중국에서는 청조淸朝 6대째, 명군으로 이름난 건륭제乾隆帝 치세 때다. 영국에서는 산업혁명이 막 시작돼 증기기관이 방적공장에 설치되면서 거대한 생산력을 발휘하던 참이었다. 그해에 아메리카에서는 미국이 독립한 뒤 워싱턴이 초대 대통령에 취임했다.

프랑스 혁명 시대의 사회는 지금과는 양상이 상당히 달랐다. 아직 전등이나 철도가 등장하기 전의, 램프와 역마차의 시대였다. 루이 16세는 마차를 타고 도망가려 했으며, 또 구식의 가로등은 분노에 사로잡힌 민중이 '인민의 적'을 살해해서 매다는 데 이용됐다. 사탕이나 커피 소비는 그때 막 시작됐는데, 주로 상류계급이 애용했다. 서민은 허름한 옷을 입고 있었고 빵만 주로 먹었지 찬거리副食物는 별로 없었다. 아메리카에서 들여온 감자를 막 재배하기 시작했지만 민중이 거기에 독 성분이 들어 있다는 생각을 떨쳐버리지 못하는 바람에 좀체 보급되지 못했다. 이것이 기근을 심각한 상태로 만들었다.

오늘날과 같은 긴바지는 하층민들만 입었고 상류계급은 반바지를 입고 긴 양말을 신었다.

남자도 머리에 가발을 쓰고 거기에 장식용 분말을 뿌렸다. 혁명의 출발점이 된 삼부회三部會가 호화로운 베르사유 궁전에서 열렸을 때 제1신분인 성직자와 제2신분인 귀족은 현란한 금색 옷을 입었다. 이와 달리 제3신분인 평민은 검은색 옷을 입어야 했다. 신분의 구별은 복장에서도 선명하게 유지되고 있었던 것이다.

국민의 사고나 생활습관은 신에 대한 두려움에 의해 통제되고 있었고, 사람들은 무력감에 빠져 있었다. 그리고 현세의 신은 군주와 그 관리들이었다. 군주는 뭐든 할 수 있고, 또 무엇 하나 보지 못하는 것이 없다는 관념이 사람들을 지배하고 있었다. 유럽의 모든 나라들이 그러했다. 각국의 국민들이 군주를 받들었다기보다는 군주들이 땅과 인민을 소유한 채 서로 대립하고 있었다.

영국에서는 그로부터 150년 전에 크롬웰(Oliver Cromwell, 1599~1658)이 이끈 혁명이 일어나 국왕 찰스 1세(Charles I, 1600~1649)가 처형당했다. 그러나 그것은 뭔가 잘못된 것이었다고 여겨지기라도 한 것처럼 찰스 2세(Chalres II, 1630~1685)가 복위했고 그 이후 다시 왕정이 이어졌다. 크롬웰은 찬탈자로, 프랑스 지식인들 사이에서조차 두려움의 대상이었다. 왕위에 대해 의심을 품은 이가 혁명 전에는 한 사람도 없었다.

하지만 군주정치가 지배하는 유럽의 대지 위에서 긴 세월 순종의 대명사로 불리던 프랑스 민중이 돌연 분노로 이글거리는 무서운 함성을 내지르며 들고 일어섰다. 그들은 국왕을 붙잡아 처형하고 군주정을 공화정으로 바꿨으며, 귀족과 성직자들을 쫓아내고 평민들의 국가를 만들어 나라 안팎에 공공연히 혁명을 선언했다. 그것은 실로 놀라운 사건이었다. 그때까지 혁명이 일어나면 국가는 파멸하고 무질서와 혼란 속에서 민중은 참담한 불행의 나락으로 떨어질 것이라고 많은 사람들은 진심으로 믿고 있었다. 눈 앞의 질서에 길들여져 있는 인간은 다른 사회나 다른 시대가 있을 수 있다는 것을 인정하려 들지 않는 법이다. 그러나 사실은 그 반대였다. 혁명을 통해 비로소 프랑스는 활기를 되찾고 한층 더 번영했다. 혁명에 의한 에너지의 해방은 이윽고 전 유럽에 도전할 만한 힘을 프랑스에 안겨주었다. 혁명에 의해 멸망당한 것은 군주정君主政과 신분제, 국가종교로서의 기독교, 한마디로 구체제(앙시앵레짐ancien régime)였다.

혁명은 새로운 것이 낡은 것을 이기고, 젊은이들이 늙은이들을 이긴 것이었다. 혁명을 하는 사람들은 모두 젊디젊다. 혁명이 일어났을 때 재무대신 네케르(Jacques Necker, 1732~1804)는 50살, 라무아뇽(Chrétien Guillaume de Lamoignon de Malesherbes, 1721~1794)은 68살이었으나, 혁명가 미라보(Honoré Gabriel Riqueti, Comte de Mirabeau, 1749~1791)는 40살, 바르나브(Antoine Pierre Joseph Marie Barnave, 1761~1793)는 28살, 로베스피에르(Maximilien François Marie Isidore de Robespierre, 1758~1794)는 31살이었다. 혁명 프랑스와 전쟁을 한 프러시아 및 오스트리아의 군사령관은 각각 58살과 69살, 이들과 맞서 싸운 프랑스군 지휘관은 겨우 32살과 25살이었다. 공안위원으로 프랑스의 군을 감독한 생쥐스트(Louis Antoine Léon de Saint-Just, 1767~1794)도 26살밖에 안 된 젊은이였다. 새 시대는 젊은 힘으로

개척되고 건설됐다.

혁명은 멈출 줄 모르듯 10년이나 계속됐다. 유럽은 충격을 받았다. 유럽만이 아니다. 전 세계가 프랑스 혁명으로부터 충격을 받아 차례차례 반응했다. 메이지 유신明治維新도 그 먼 반응의 하나라고 할 수 있다. 그리고 프랑스 혁명의 여진은 지금도 여전히 이어지고 있다. 아시아, 중동, 아프리카 여러 나라 국민들은 지금도 프랑스 혁명이 내걸었던 자유와 평등을 국내외적으로도 쟁취하기 위해 고투를 벌이고 있다. 인도네시아에서, 이라크에서, 아프리카 대륙에서 우리는 그것을 목격할 수 있다.


프랑스 혁명이란 무엇인가? 민중은 어떻게 군주정과 신분제와 기독교를 무너뜨릴 수 있었을까. 새로운 사회의 내용은 어떤 것이었던가. 이런 문제들은 이제까지 계속 제기돼왔고 오늘날에도 여전히 질문은 이어지고 있다.

프랑스 혁명은 부르주아bourgeois 혁명의 하나이며, 그중 가장 대표적인 혁명이다. 이것이 오늘날 정설로 돼 있다. 부르주아 혁명이란, 봉건제를 폐지하고 인권과 자유를 쟁취해서 부르주아지(bourgeoisie. '부르주아지'는 계급으로서의 부르주아를 가리키는 명사이고, 부르주아bourgeois는 시민, 중산층·유산자·자본가 등의 의미를 지닌 명사 및 형용사로 쓰인다―옮긴이)의 지배를 실현하기 위한 혁명이었다. 이런 혁명은 프랑스 혁명 이전에 이미 그 선례가 있다. 영국에서는 1640년부터 1660년에 걸쳐 이른바 '퓨리턴 혁명'(Puritan Revolution, 청교

도 혁명)이 일어났고, 미국에서는 1775년부터 1783년까지 '독립혁
명'이 일어났다. 이들 혁명과 프랑스 혁명은 어디가 다른가. 왜 프랑
스 혁명이 대표적인 부르주아 혁명이라 일컬어지고 있을까.

　17세기에 일어난 영국 혁명은 전체적으로는 여전히 종교의 베
일에 가려져 있었다. 계급은 물론 존재했지만 그것은 아직 자신을
하나의 사회적 존재로 자각하지 못하고 가톨릭 집단 또는 영국 국교
회와 거기에 대립하는 퓨리턴파라는 형태를 띠고 있었다. 계급의 이
해관계들이 솔직하고 공공연하게 표출되지 못한 것이 혁명을 불철
저하고 점진적인 것으로 만들었다. 귀족과 상층 부르주아 계급이 타
협하고 연합해서 일반농민과 하층민들의 요구와 저항을 일관되게
물리쳤다. 따라서 영국 혁명에서의 자유와 권리는 무엇보다도 영국
인, 그중에서도 젠틀맨gentleman이나 상층 부르주아의 자유이고 권리
였다. 그것은 영국인이라는 국민성이나 상류계급이라는 특수한 계
층의 틀을 벗어나지 않는 부르주아 혁명이었다.

　18세기 말, 아메리카 식민지는 본국 영국에 반항했다. '독립전
쟁'의 사상 속에는 지구상의 모든 민족은 자신이 바라는 국가를 자
신이 바라는 방식으로 만들 수 있다는 보편적인 원칙이 포함돼 있
다. 그것은 영국 혁명보다도 한층 더 나아간 것이었다. 그러나 이 혁
명은 계급투쟁이라기보다는 오히려 민족투쟁적 요소가 더 많았다.
영국의 지배에서 벗어나 독립하는 것이 주목적이었고, 사회 내부의
관계를 뒤집어엎는 것은 2차적인 문제였다. 그 가장 명백한 증거는
미국 혁명이 흑인 노예제 문제를 해결하지 않았다는 데서 찾아볼 수
있다. 미국에서의 '식민지인'의 권리는 실은 백인의 권리였을 뿐이

다. 흑인문제는 오늘날에도 여전히 심각한 문제로 남아 있다는 것을 모르는 이가 없다.

이에 대해 프랑스 혁명은 더욱 보편적인 성격을 지닌 혁명이었다. 그것은 자유와 동시에 평등을 실현한 혁명이었다. 영국적 자유와 미국적 평등은 더욱 확대되고 보편화됐으며, 모든 개인과 민족과 인종을 해방하는 보편적인 혁명이 프랑스에서 일어났다. 프랑스 혁명은 지구상에 인간과 민족이 존재하는 한 끊임없이 상기想起될 혁명이다. 사람들은 프랑스 혁명 속에서 자신의 해방을 찾아냈고, 또 다른 사람들은 그 혁명 속에서 자신의 파멸을 지켜봤다. "혁명을 증오하든 찬양하든, 프랑스 혁명이라는 이름이 오랜 세월 사람들 입에 오르내리지 않는 경우는 앞으로도 없을 것이다"라고 프랑스의 역사가 조르주 르페브르(Georges Lefebvre, 1874~1959)는 말했다.

왜 프랑스 혁명은 보편적인 가치를 지닐 수 있게 됐을까. 그 근본 이유는 프랑스에서의 정치투쟁이 명백한 계급투쟁으로 전개됐던 점에 있다. 프랑스에서는 여러 계급의 이해관계가 다른 어느 나라보다도 분명히 구별되고 각 계급들이 많든 적든 독자적으로 결집돼 각기 사상을 달리하면서 서로 격렬하고 첨예한 싸움을 전개했다. 엥겔스(Friedrich Engels, 1820~1895)는 말했다. "프랑스는 계급투쟁이 철저히 관철된 나라다."

철저한 계급투쟁은 사회 구석구석까지 영향을 끼쳐, 마침내 그 저변에 있는 이름도 없는 서민들 한 사람 한 사람을 혁명 속으로 끌어들였다. 영국의 유명한 농학자 아서 영(Arthur Young, 1741~1820)은 혁명 발발 당시 때마침 프랑스를 여행하고 있었다. 그는 북부 프랑스의 농촌에서 한 여성농민과 이야기를 나눴다. 그 여자는 농사지을 땅이 적고 영주에 대한 부담이 무겁다는 것, 세금 징수가 가혹하다는 것을 영에게 하소연하면서 말했다. "사람들 얘기로는, 높으신 분네들이 우리를 위해 앞으로는 뭔가 해주실 거랍니다." 민중은 혁명에 소박한 기대를 걸고 있었다. 그리고 그 기대가 배반당했다고 생각한 순간 그들은 용감하게 들고 일어나 행동에 돌입했다. 혁명은 겹겹이 쌓인 민중의 불만을 풀어놓아 흘러넘치게 만들었다.

민중의 혁명. 프랑스 혁명을 특징짓는 것은 이 한마디에 다 들어 있다. 그 당시의 역사적 시점에서 혁명은 부르주아 혁명이어야 했으며, 달리 존재할 수 없었다. 그러나 프랑스 혁명은 당대 부르주아의 의지에 반하기까지 하면서 계속 떠밀려간 부르주아 혁명이었다. 그것은 가장 철저한, 급진적인 부르주아 혁명이며, 그런 의미에서 혁명의 모범이다. 이 혁명이 오늘에 이르기까지 사람들을 고무시키고, 또는 사람들을 두려워하게 만드는 힘을 갖고 있는 것은 광범한 민중이 혁명에 참가해 혁명의 주인공이 될 수 있었던 사실과 깊이 연관돼 있다.

영국, 미국, 프랑스 등에서 17, 18세기라는 시기에 혁명이 일어난 것은 도대체 어떤 의미가 있을까. 왜 인간의 역사는 일정 시기에 혁명을 경험하게 되는 것일까. 혁명은 말할 것도 없이 하나의 정치투쟁이며, 그 정치투쟁을 통해 계급의 지배관계가 교체되는 것이다. 부르주아 혁명에 대해 얘기하자면, 그것은 귀족이나 영주 등의 봉건封建계급이 장악하고 있던 정치체제를 무너뜨리고 부르주아지라는 새로운 계급이 권력을 쥐고 국가를 새롭게 조직하는 것이다. 따라서 부르주아 혁명이 일어나기 위해서는 부르주아 계급이 성장해서 국가권력을 요구하는 단계까지 가 있어야 한다. 즉 그것은 자본주의라는 경제관계가 점차 형성되면서 지금까지의 봉건적인 정치체제와 모순되고 충돌하게 된다는 얘기다. 영국, 프랑스 등에서는 이런 역사적 조건이 17, 18세기에 조성되고 성숙해 있었던 것이다.

혁명은 부르주아 혁명만 있는 것은 아니다. 좀 다른 혁명도 있을 수 있고, 또 실제로 있었다. 봉건제가 자본주의로 전환되는 시점에 일어나는 혁명이 부르주아 혁명이라는 사실과 내비시켜 생각해보면, 노예제가 봉건제로 교체될 때의 '봉건 혁명', 또 자본주의가 사회주의로 교체될 때의 '사회주의 혁명' 두 가지가 있다. 국가 또는 정치적 지배권이 어느 특정 계급에 의해 독점되거나 지배당하고 있는 한 다른 새로운 계급이 성장해서 그것을 뒤엎는 것은 피할 수 없다. 역사가 차례차례 새로운 경제체제를 만들어내는 것이 사실인 이상 그 경제체제에 걸맞은 정치체제를 갖추게 되는 것도 필연적이라고 하지 않을 수 없다.

일반적으로 얘기해서, 혁명의 역사는 혁명이 자연발생적인 것으로부터 점차 자각적自覺的인 것으로, 계획적인 것으로, 그리고 조직적인 것으로 바뀌어왔다는 것을 보여준다. 거꾸로 얘기하면, 역사를 옛날로 거슬러 올라가면 갈수록 혁명은 오랜 기간에 걸친 자연발생적이고 맹목적인 싸움 형태를 띠게 되고, 내란이나 전쟁과 구별하기 어려워진다. 따라서 '봉건혁명' 등의 얘기를 하면 믿지 않는 사람이 많다.

하지만 고대사회나 중세사회가 계급사회인 한 계급지배의 교체도 필연적인 것이라고 생각할 수밖에 없다. 그 반대로 부르주아 혁명은 혁명을 일으킨 바로 그 사람들에 의해 많든 적든 의식되기 시작해, 그 계획이나 이상이 다양하게 표현된다. '혁명'이라는 말도 이 시기에 들어서야 비로소 본래의 내용을 갖게 된다. 따라서 부르주아 혁명과 함께 '혁명'이 탄생한 것처럼 여겨지는 것도 그래서 생겨난 것이라고 할 수 있다.

사회주의 혁명, 또는 프롤레타리아 혁명 단계가 되면 혁명에 대한 자각과 조직성, 계획성은 한층 더 높아진다. 이것은 한편으로는 혁명의 고통을 완화하고, 기간을 단축하며, 희생을 줄이는 데 도움이 되지만, 다른 한편으로는 혁명에서 소설적인 흥미를 제거하는 결과를 가져올 수도 있다. 예컨대 러시아 혁명은 프랑스 혁명보다 우연이 파고들어갈 여지가 적고 인간의 개성이 영향을 끼칠 요소도 적다. 그러나 그럼에도 프랑스 혁명보다 러시아 혁명 쪽이 더 진보한 혁명이라 할 수 있다. 혁명당의 존재 하나만 보더라도 그렇다. 다만 현대에서는 사회주의 혁명 그 자체도 러시아와는 다른, 더 진보한 형태로 수행될 수 있을지도 모른다. 그런 가능성에 눈을 감는 것은 역사의 진보를 인정하지 않는 것이다. 하지만 그러기 위해서는 혁명을 하려는 사람들 사이에서 공개적으로 토의하고 조직할 수 있는 조건을 확보하고 키워가는 일이 무엇보다 필요할 것이다. 비합법주의와 봉기 제일주의一揆主義만을 혁명 속에서 찾아내려는 것은 실제로는 도래할 혁명에 대해 보수적인 태도를 취하는 결과가 될 것이다.

부르주아 혁명은 이와 같이 혁명이 진보해가는 역사 속에서 그 일환으로 일어난 혁명이었다. 그렇다면 그다음 문제는 모든 국민들이 위에서 얘기한 봉건혁명·부르주아 혁명·사회주의 혁명이라는 이 세 혁명을 모두 꼭 같이 겪어야 하느냐는 점이다. 인간의 역사는 단지 하나의 국민만이 짊어지는 것이 아니라 여러 국민들이 짊어지고 이끌어간다. 따라서 각각의 국민들이 같은 보조로, 게다가 꼭 같은 형태로 자신들의 역사를 그려간다는 건 애초에 있을 수 없는 얘기다. 그들 간에는 앞서거나 뒤처지는 속도 차이도 있고, 다른 국민 때문에 자신의 역사가 뒤틀리거나 저지당하는 국민도 나올 수밖에 없다. 여러 국민들은 전체적으로는 앞서 얘기한 세 가지 혁명을 경과하게 되지만, 그중에는 계속 정체되거나 사정에 따라 도중에 쇠퇴하는 국민이 있는 것도 부정할 수 없다. 그러나 적어도 진보를 계속하는 어떤 국민은 자신의 역사에서 어느 시기에 이 계급에서 저 계급으로 계급지배를 불가피하게 교체하는 것도 사실이다.

영국, 미국, 프랑스 등은 17, 18세기라는 세계사적으로 가장 이른 시기에 부르주아 혁명을 겪었지만 독일, 일본 등은 19세기에, 러시아, 중국 등은 20세기에 겪었다. 그리고 많은 아시아, 아프리카 국가들은 오늘날 부르주아 혁명의 한복판에 있다고 할 수 있다. 그러나 이것은 부르주아 혁명을 일찍 겪은 국가가 그다음의 사회주의 혁명에서도 선두를 지키게 된다는 의미는 전혀 아니다. 오히려 사실은 그 반대인데, 혁명의 발발은 오래된 낡은 사회체제가 강고하게 지배하고 있는 지역의 주변에서부터 먼저 일어난다는 것이 역사의 일반적 경향이다. 사실, 봉건제도가 가장 강고하게 성립돼 있었던 곳은 서구에서는 유럽 대륙이었다. 하지만 부르주아 혁명은 그 주변부인 네덜란드, 영국, 미국, 프랑스 등의 대서양 연안 국가들에서 먼저 일어났고 그것이 내륙 국가들로 파급됐다. 그리하여 이들 해양 국가들이 자본주의체제의 중심부를 형성했다. 이에 비해 사회주의 혁명은 이들 나라로부터 가장 멀리 떨어져 있고 또 자본주의적으로 뒤처진 러시아나 중국 등에서 가장 먼저 출현했다. 러시아의 예가 말해주듯 사회주의가 일단 건설되면 그것이 러시아의 국토나 민족성과는 상관없이 자본주의를 대체하는 새로운 사회체제가 되는 것을 볼 수 있다. 그리고 여러 지역과 민족들에게 받아들여지게 되는 것도 사실이다.

그리하여 우리는 오늘날 부르주아 혁명과 사회주의 혁명이라는 두 혁명의 영향 속에서 살아가고 있다. 이는 다양한 주장과 입장을 낳을 수밖에 없다. 예컨대 부르주아 혁명은 인정하지만 사회주의 혁명은 거부한다든지, 사회주의 혁명을 중시한 나머지 부르주아 혁명을 피해가려 한다든지, 또는 그 두 혁명 모두를 거부하거나 긍정하는 등의 반응들이다. 현대의 정치적 주장은 혁명에 대한 이런 견해들에 의해 크게 구분될 수밖에 없다. 과거의 혁명이 말하자면 현대의 우리들을 사로잡고 놓아주지 않는 것이다. 이하 프랑스 혁명을 통해 혁명이 제기하는 여러 문제들을 생각해보기로 한다.

1장 혁명과 계급

## 1. 절대왕정

어느 나라 혁명이든 각 국민들은 그들이 갖고 있는 재료로 자신에게 적합한 방식으로 혁명을 수행한다.

영국에서는 봉건제가 노르만인(Normanean, 스칸디나비아와 발트해 연안에 살았던 북방계 게르만인. '바이킹'족과 겹치는 개념. 11세기에 잉글랜드를 정복―옮긴이) 침입의 산물로 발전했기 때문에 유럽 대륙의 봉건제처럼 확실하게 뿌리 내리진 못했다. 이는 봉건제의 발전에는 유리하지 못했으나 다음의 자본주의 발전에는 매우 유리했다. 낡은 사회로부터 신흥 부르주아 계급이 일찍이 출현해 구래의 귀족층에 필적하는 정치세력이 됐다. 귀족 중에서 부르주아와 공존하려는 계층과 부르주아 중에서 귀족화한 상층부의 연합이나 동맹관계가 일찍부터 형성됐다. 지주나 무역상인, 관료들로 이뤄진 상층 시민의 힘은 시간이 지나면서 강해졌고 민중은 전반적으로 무기력했다.

영국에서의 혁명은 젠틀맨이라 불리는 새로 발흥한, 거의 귀족화한 부르주아 계급이 소수의 보수적인 귀족과 왕권을 고립시켜 무너뜨리고 그것을 대체했다. 그러나 그것은 동시에 일반민중이 혁명에 참가해 혁명으로부터 이익을 가져갈 수 없도록 신중하게 가로막았다. 이와는 반대로 19세기의 독일이나 동유럽에서는 구세력인 봉건귀족층이 계속 강세를 유지하는 바람에 부르주아 세력이 제대로 힘을 키우지 못하여 부르주아지의 지도 아래 혁명을 일으킬 만큼의 힘을 결집시키지 못했다. 이 경우에도 혁명은 민중의 산발적인 행동으로 끝나고, 무대 뒤에서의 정치거래로 끝나버렸다.

프랑스는 이 둘의 중간에 자리해, 부르주아 세력은 귀족을 자신의 진영으로 끌어들여 동화시킬 만큼 강하진 못했지만, 그렇다고 해서 구세력에 압도당해버릴 정도로 약하지도 않았다. 양자는 거의 동등한 힘으로 경합을 벌였으며, 타협의 여지는 없었다. 싸움은 어느 한 쪽의 결정적 패배로 끝나는 것 외에 달리 길이 없었다. 그리하여 양자 간의 대립이 심각해졌을 때 부르주아 세력은 광범한 민중의 참가를 요청해 구세력을 완전히 때려눕히게 된다. 이런 이유로 프랑스 혁명은 부르주아 혁명임과 동시에 민중이 참가해 민중이 승리한 혁명이다. 그것이 프랑스 혁명의 성격이다. 혁명의 민주주의적인 성격, 르페브르가 말한 '권리의 평등'을 실현시킨 혁명은 바로 이런 점에 근원을 두고 있다.

그러나 역사 속에서 계급관계가 노골적인 형태로 드러나는 일은 드물다. 계급관계는 역사를 근본적인 점에서 규제하고 있지만, 현실의 정치과정은 매우 복잡하고 다양하기 때문이다. 우선 부르주아 혁명이 일어났을 때 무너진 정치체제는 '절대왕정' 또는 '절대주의'라고 불린 것이었다. 그것은 봉건영주 계급의 국가와 단순히 동일시될 수 있는 것은 아니었다. 영주의 지배는 이미 형태를 바꾼 상황이었던 것이다.

부르주아 혁명 시기에는 봉건영주 계급이 단독으로 권력을 장악하진 못한다. 그 가장 근본적인 원인은 그들이 생산의 현장으로부터 멀어진 지 오래됐다는 점이다. 중세의 장원경제나 직영지 경영 같은 농업생산의 거점에 터를 잡고 생산을 지휘하거나 감독하는 것은 이미 그들의 업무가 아니었다. 생산의 장에서 멀어진 인간은 지적인 직업에 종사할 경우에는 또 다르지만, 대체로 정치나 군사 쪽으로 손을 뻗어 지위를 유지하려고 한다. 봉건영주 계급이 궁정귀족으로 관직이나 연금을 받게 되거나 대검帶劍귀족noblesse d'épée으로 군인이 되는 것은 이 때문이다. 어느 쪽이든 생산과는 무관하게 신분제도나 정치적 특권이 그들을 떠받치게 된다. 생산과의 관계라는 면에서 보면, 그들은 농지나 영지를 직접생산자인 농민의 손에 완전히 맡겨버리고 단지 봉건지대封建地代만을 거두어들이는 일종의 이자생활자가 돼버린다.

이런 변화가 왜 일어나는지 설명하기 위해서는 중세 이래의 경제발달에 대해 살펴볼 필요가 있다. 결론만을 간단히 얘기하자면, 그것은 농노農奴라고 불린 중세 농민들이 묵묵히 오랜 세월에 걸쳐 자신의 소규모 경영을 키워간 결과 영주의 직영지까지도 분할 받아 임대농업을 할 수 있게 됐기 때문이다. 일례를 들자면 부르고뉴Bourgogne의 어느 공작은 보몽Beaumont에 있는 저택城館을 유지하는 데 연간 952리브르(1리브르livre=1프랑)가 들어갔는데, 그의 지대수입은 483리브르밖에 되지 않았다. 결국 직영지를 차지借地로 임대해줄 수밖에 없었다. 생산의 발전이라는 것은 끊임없이 종래의 기존 생산자들을 생산 현장에서 분리시키면서 그들을 대체하는 새로운 직접생산자들을 만들어낸다. 직영지 영주를 자영농민이, 자영농민을 소작농민이 대체하며, 나아가 소작농민을 농업노동자가 대체하게 되는 식이다. 이 최후의 농업노동자들을 고용하는 계급이 농업자본가이며, 이런 관계가 일반화할 때 농업에서의 자본주의가 완성되는 것이다.

앞으로 돌아가서, 영주領主계급은 여전히 봉건지대를 징수하고는 있지만 그 착취관계를 신분제도나 국가조직에 의해 보호받지 않으면 안 될 상황이 된다. 도대체 누가 영주계급을 보호해주는가. 그 역할을 이어받은 것이 왕권과 국가제도다.

하지만 절대왕정은 단지 영주계급의 요구 때문에 출현한 것이라고 할 수는 없다. 왕권이 제후를 평정해서 전국을 자신의 통제하에 두기 위해서는 그만큼의 기반이 있어야 한다. 그 기반을 마련해준 것이 화폐와 상거래였다. 전국을 하나의 정부 아래 통일시키기 위해서는 각 지방에서 온갖 산물들을 거두어들여, 그것으로 관리를 양성하고 사업을 일으켜야 한다. 그렇게 하려면 어쨌든 어느 지방에서도 통하고, 또 그것을 갖고 가면 무엇이라도 손에 넣을 수 있는 수단이 필요하다. 그것이 화폐인데, 화폐의 유통이 상당히 높은 수준에서 이뤄질 필요가 있다. 국가의 성립에 대해서는 수많은 난해한 논의들이 있지만, 요컨대 국가는 세금을 거두어들이는 일과 여기에 얽인 관계들과 더불어 성장하는 것이라고 해도 좋다.

그런데 화폐의 유통은 어떻게 고도화하는가. 그것은 화폐로 거래되는 상품이 많아지고, 즉 생산이 어느 정도 발전해서 농민이나 영주가 직접 소비하는 것 이상의 잉여물이 생기고, 그 잉여물을 도시에서 소비하는 도시 인구나 그것을 판매하는 상인계급과 같은 존재들에 의해 사회적 분업이 이뤄진 결과다. 그렇게 되면 거기에 상인계급이라는 신흥세력이 생겨난다. 왕권은 화폐 없이는 하루도 꾸려나갈 수 없기 때문에 상인계급과 손을 잡으려 하고, 상인도 또한 전국이 영주권에 의해 분단돼 있는 상태에서는 상거래가 이뤄질 수 없기 때문에 영주를 누를 수 있는 권력자와 손잡고 기회만 있으면 귀족에 필적하는 지위를 확보하려고 한다. 부르주아 출신의 '법복귀족noblesse du robe=관직귀족'이 출현하는 것은 이 때문이다. 그리하여 왕권은 오른손으로 봉건귀족을 보호하고 왼손으로는 도시와 무역상인을 보호하면서 자신은 봉건계급과 부르주아계급 어느 쪽으로부터도 독립된 제3의 초연超然한 균형권력으로서 국가제도를 다져간다.

예컨대 17세기에 루이14세(Louis XIV, 1638~1715)는 르 텔리에(François-Michel le Tellier, 1641~1691)와 루부아(Marquis de Louvois. 루이14세의 육군장관을 지냈다)와 콜베르(Jean-Baptiste Colbert, 1619~1683)라는 세 사람의 최고고문을 거느리고 있었는데, 앞의 두 사람에게 군사를 맡기고 콜베르에게는 상업·화폐·식민지 문제를 담당하게 했다. 왕은 이 세 대신을 서로 경쟁하게 만들어 그 초월적인 조정자가 됐다. 절대왕정이 '봉건귀족과 부르주아의 균형 위에 선' 국가로 일컬어지는 것은 이런 의미에서다.

절대왕정 국가가 과연 봉건국가인가에 대해서는 논란의 여지가 있으나, 그 해답은 지금까지의 설명 속에 이미 나와 있다. 즉 절대왕정은 그 한쪽 다리를 상인계급 위에 걸치고 있는데, 상업자본은 특정한 생산조직을 갖고 있는 게 아니라 어떤 생산방식과도 결합할 수 있는 존재다. 우선 이 계급의 생산조직은 전체적으로 여전히 봉건적인 관계 속에 놓여 있어 그 제약을 받는다. 절대왕정은 이런 착취관계를 전제로 해서 그것을 국가조직 내부로 끌어들인다. 따라서 이 국가는 어디까지나 봉건국가다. 그것은 봉건국가 최후의 단계를 보여주는 정치형태이며, 화폐 유통이나 상업의 발전이 보여주고 있는 바와 같이 일정한 상품생산의 발전을 전제로 하고 있는 것이어서, 본래의 봉건국가가 형태를 바꾼 것으로 이해해두고자 한다.

이런 국가형태 속에서 일어나는 변화 가운데 가장 중요한 것은 생산의 발전에 따라 이른바 부르주아 세력이 질과 양 모두 강화되는 것이다. 질적인 면을 보자면, 단순한 상업자본의 발전이라고만은 할 수 없고, 상업자본과 생산면의 연계가 긴밀해져 생산 그 자체가 자본에 포섭당해 독점(도매상)자본이나 매뉴팩처 자본, 농민적 소자본 등과 같은 산업자본의 여러 형태가 성장하는 것이다. 양적인 측면에서는 거래되는 상품의 종류나 분량이 늘어 특정한 특권상인이나 유통규칙 등을 곁눈질하면서 새로운 사업이나 실업가들이 급속히 늘어난다. 그리하여 부르주아지의 내실이 충실해지고 동시에 그 수가 늘어나면, 그들은 봉건적 영주계급이란 존재를 방해물로 느끼게 된다. 생산 그 자체를 자본의 활동 속으로 완전히 끌어들이기 위해서는 봉건귀족의 특권이나 착취로부터 토지나 산업을 해방시켜야 한다. 거기에서 충돌이 일어날 수밖에 없고, 그 충돌이 혁명으로까지 고양돼가게 되는 것이다.

## 2. 혁명적 계급

혁명이 국민대중의 궁핍 때문에 일어난다는 설은 아마도 진실을 절반 정도밖에 담고 있지 않을 것이다. 오히려 이 설은 종종 잘못된 방향으로 이끄는 수가 있다. 빈곤화는 확실히 혁명의 선제조건으로서 필요하다. 그러나 그와 동시에 혁명의 중핵을 이루는 계급이나 조직이 경제적으로든 지적知的으로든 간단하게 무너지지 않을 정도의 실력을 갖추고 강력하게 형성돼 있을 필요가 있다. 노동과 지적 활동으로 자신감과 자각自覺 수준을 높인 계급이 일반대중의 빈곤화와 자신을 연결 지을 때 비로소 혁명은 현실적인 것이 된다.

프랑스 혁명이 일어난 18세기, 특히 그 후반기는 경제적 쇠퇴기가 아니라 그 반대로 급속한 발전기였다. 17세기 말에 약 1900만이었던 프랑스의 인구는 혁명 직전에는 2300만이 됐고, 파리의 인구도 72만에서 80만으로 증가했다. 외국무역은 1710년대의 수출입 합계 2억 리브르에서 1950년대에는 6억, 1980년대에는 10억 리브르로 증가했다. 금·은화의 유입이 늘고 발권은행이 설립됐으며, 식민지 산물의 소비가 왕성해졌다. 전장 4만km에 이르는 왕립도로 대부분이 18세기에 건설됐다.

무역의 발전에 자극받아 공업생산도 18세기 중반부터 급속하게 늘었다. 랑그도크Languedoc의 모직물, 브르타뉴Bretagne의 마직물, 리옹Lyon의 견직물, 파리의 고급직물 등이 번성했고, 그밖에 동부·북부의 농촌지방에서는 면직물이 발전했으며, 유리·도자기·제지 등의 매뉴팩처도 가내공업 형태로 널리 보급됐다. 혁명 직전이 되면 영국 산업혁명의 영향이 프랑스에서도 나타났다. 즉 면직업의 기계화가 시작되는 것과 함께 제사製絲·견직물 분야에선 프랑스인 자신들이 기계화와 집중생산을 꾀하게 된다.

그러나 혁명 전후의 기간을 통해서 가장 기본적인 생산부문은 역시 농업이었다. 2300만 인구 중 2천만 이상이 농민이었기 때문이다.

농업생산에서는 전前 시대적인 소규모 농업이 이어지고 있었기 때문에 생산의 비약적인 상승은 이뤄지지 못했다. 정치는 늘 풍작과 흉작에 휘둘렸다. 하지만 여기에는 주목해야 할 두 가지 현상이 나타났다.

그 하나는 오랜 세월 소농민小農民 경영이 이어진 결과로 토지에 대한 농민의 권리가 확고해져 토지 소유권은 농민에 귀속된다는 생각이 일반화된 것이다. 이것은 바꿔 말하면 영주는 토지 소유권이 아니라 다만 신분이나 특권 때문에 농민에게 기생하고 있는 존재에 지나지 않는 셈이 된다. 이는 나중의 혁명과의 관계에서 매우 중요한 요소가 된다.

또 하나는 18세기 중반 무렵부터 곡물가격이 급등해 촉발된 것으로, 대토지 소유자인 귀족이나 부농 사이에서 '농업개혁' 요구 목청이 높아진 것이다. 이는 농업생산 방식 자체를 바꿔 대규모 근대 농법을 도입하려는 것인데, 이것도 혁명으로 이어진 중요한 움직임이었다.

18세기의 프랑스는 앞에서 살펴봤듯이 여러 경제적인 힘들이 왕성하게 활동한 시기였다. 부르주아 혁명의 조건은 이런 환경 속에서 준비됐다. 그것은 무엇 때문일까? 절대왕정하의 경제조직은 근본적으로는 봉건적인 농촌에 기초를 두고 구축됐다. '영주=귀족'은 자신의 영지와 농민을 대상으로 포괄적인 지배권을 행사했다. 여기에는 앞서 얘기한 봉건지대(경상적·임시적 지대, 현물·화폐 등 그밖의 부역도 있다)만이 아니라 수차水車, 빵 굽는 화덕, 포도주 양조장의 독점권, 수렵, 어로권, 상업, 운송 허가권, 영주 재판권 등이 포함돼 있었다. 18세기에는 여전히 신분적으로 부자유한 맹모르트(mainmorte, 재산 상속이 불가능한 농노제도) 농민이라 불린 농노가 수십만 명이었고, 영주는 이 농노들의 토지와 동산을 거두어갈 권리 및 결혼허가 권리를 행사했다. 볼테르(François Marie Arouet, 1694~1778. 볼테르Voltaire는 필명)가 이들 농노를 해방하기 위해 논진論陳을 폈던 것은 유명하다.

말할 것도 없이 이들 영주권은 모두 농민에 대한 부담(짐)으로 전화轉化했다. 수차를 사용했으니 얼마, 다리를 건넜으니까 얼마, 시장에서 작물을 팔았으니 얼마를 내라는 식이었다. 그밖에 교회에 지불하는 십일세(수확물의 10분의 1을 교회에 바친다. 십일조)라는 현물세와, 국가에 바치는 타이유taille라는 직접세, 그 부가세, 소금·담배 등에 붙는 간접소비세가 있다.

어느 문서에 따르면, 자영농민이 밀(소맥)을 12단(束, 다발) 수확할 경우 영주에게 3단, 교회에 1단, 국세로 약 2단을 바치고, 나머지 6단에서 다음 해의 종자용으로 2단, 경작비용으로 3단을 빼면 손에 쥐는 것은 겨우 1단에 지나지 않았다는 보고도 있다. 이런 농민이 설령 열심히 노력해서 수확을 2배로 늘린다 한들 징수 비율이 바뀌지 않는 이상 그것은 영주나 교회만 살찌울 뿐이다. 2배로 늘려봤자 농민 손에는 겨우 2단밖에 남지 않기 때문이다. 농민은 무슨 일이 있을 때마다 "끊임없이 주머니에서 돈을 꺼낼 수밖에 없었다"는 얘기다.

그렇지만 2천만 농민 모두가 이런 식이었던 것은 아니다. 앞에서 살펴본 것은 영주로부터 농지를 세습적으로 넘겨받아 자영하고 있던 농민들의 경우로, 말하자면 불완전한 자작농이라고 할 수 있다. 이런 계층은 라부뢰르labroureur라고 불리는데, 그 수는 대체로 600만 정도였던 것으로 추정된다. 농가인구의 약 3분의 1에 해당하나.

그런데 그밖의 농민들은 어떠했을까. 일본에서도 자작농 상층부에 부유한 자소작自小作경영이 있고 하층부에 소자작小自作 또는 소작경영이 있었던 것처럼, 자영농민 이외의 농민은 소작借地관계 속에 편입돼 있었다. 이 소작관계가 어떻게 발생하는지에 대해서는 많은 논의가 이뤄졌지만 아직도 분명히 밝혀지지는 않았다. 그러나 그것은 본래 자영농민의 경작권이 저당잡히거나 전대(轉貸. 빌리거나 꾼 것을 다시 다른 사람에게 빌려주거나 꾸어주는 것―옮긴이)된 결과일 것이다. 즉 생산자인 농민의 이윤이 적게나마 산출된 결과 봉건지대 외에 차지료(借地料, 소작료)를 지불하고도 최저생활을 할 수 있게 됐기 때문에, 토지를 빌리겠다는 사람이 생겨난 것이다. 여러 차지관계 그물망이 넓고 깊게 침투해서, 평민이면서 토지를 실질적으로 소유하는 계층이 형성됐다.

이런 평민적 토지소유자, 이른바 '지주'는 여전히 표면적으로는 봉건지대의 부담자로서, 신분제도상으로는 귀족과 구별된다. 그들은 실질적으로는 자신의 봉건적 부담을 소작인들에게 전가했는데, 그런 면에서는 봉건적인 착취관계를 구현하고 있었다. 그러나 그들은 봉건적인 관계에 의존하고 있었던 것이 아니라 소작인의 잉여노동에 의존하고 있었다. '생산자=소작인'의 잉여노동은 양분돼 영주와 지주에게 귀속됐다. 이때의 지주는 아직 근대적인 지주라고 부를 수 있는 존재는 아니고, 보통 '반半봉건적'인 지주로 일컬어진다.

이와 같은 소작농민들이 얼마나 됐는지는 추정할 수밖에 없다. 부르주아로 토지를 소유하는 자는 거의 귀족 직영지에 필적할 정도의 면적을 차지했으나(인구는 더 많았다), 이들 양자의 토지를 빌려서 경작하는 농민은 약 1천만 명에 이르렀을 것으로 생각된다. 그 근거로는, 각지의 농가조사 결과를 살펴본 결과 일단 혁명 전에 자립경영이 가능할 정도의 자작농지를 갖고 있던 농민이 극히 적었다는 사실을 알아냈기 때문이다.

북부 프랑스의 라네 지방에서는 농민 가운데 겨우 1할 정도가 자영농민이었고, 브르타뉴에서는 토지소유농민의 반수가 가옥과 1~2헥타르 정도의 땅밖에 갖고 있지 않았다. 중부 프랑스의 리무쟁 Limousin에서도 상황은 거의 비슷했다(자립경영을 위해서는 약 5헥타르가 필요했다). 이런 영세농민들은 어떻게든 생활을 유지해가기 위해서는 높은 소작료를 지불하더라도 차지借地에 의존할 수밖에 없었고, 그것만으로는 부족해 날품팔이 노동도 해야 했다. 이것이 날품팔이 농민(주르날리에journalier) 또는 완력 농민브라시에으로 불린 많은 농민층이다.

그러나 소작농민이 모두 빈농이었던 것은 아니다. 자작농 상층부에 자소작농이 있었다는 것은 앞에서도 언급했다. 자영농민이 경영을 발전시켜 자작지 외에 소작지를 함께 경영하면서 상당히 부유한 농민으로 상승한 것도 경제법칙의 산물이다. 부유한 농민층은 상품작물을 도입하거나 목초 재배 보급, 가축 매매, 운송업 겸영 등 온갖 기회를 활용해 두각을 나타내게 된다. 특히 북부 프랑스에서는 2백, 3백 헥타르가 넘는 대차지농도 결코 예외적인 존재가 아니었다. 이들 농민은 앞서 얘기한 날품팔이 농민이나 1년 계약 노동자들을 고용해서 경영했기 때문에 명백히 농업자본가 또는 그 전신前身으로 간주된다. 이런 농가들이 얼마나 있었는지는 분명치 않으나 혁명 전의 농민을 모두 빈농이라 싸잡아 얘기할 순 없다. 부농의 수는 얼마 되지 않았다고 하더라도 그들은 촌락에서 가장 유력한 존재들이었고, '마을의 유지'였다. 그들 중에는 영주의 직영지를 몽땅 빌려서 자신은 경영에 손대지 않고 그것을 모두 고율의 소작료로 가난한 농민들에게 다시 빌려줘 일반농민들의 원한을 산 이들도 있었다. 그러나 어느 쪽이든 그들이 영주권에 대등하게 맞설 수 없었던 것은 앞에서 얘기한 평민적 토지소유자의 경우와 다를 게 없었다.

이야기가 좀 복잡하게 얽혔으니, 이쯤에서 정리해보자. 농업 분야를 보면, 기본적으로는 영주와 자영농 사이의 봉건적 착취관계가 중심에 자리잡고 있고, 그 주변에 차지借地관계가 발전해 평민적 토지소유자와 영세농민, 자소작농민과 날품팔이 농민 등의 새로운 계층이 생겨난다. 이런 관계 속에서 한층 더 진보한 제대로 된 근대적 관계, 즉 대차지농과 농업노동자라는 자본주의적인 관계가 선구적인 형태로 등장한다. 이런 식으로 봉건적인 관계와 반봉건적 및 근대적인 관계라는 이중구조가 존재했음을 알 수 있다.

공업과 상업 분야에서는 새로운 관계가 한층 더 분명히 드러난다. 물론 도시에는 전통적인 길드 수공업자들이 인쇄·장신구·모직물·식료품·금속·가구·세공품·목공 등의 분야에 종사하고 있었다. 그러나 그 당시의 특징은 그들이 소수의 대상인大商人에 예속돼 독립성을 잃고 사실상의 임노동자로 전락하고 있었다는 점이다. 도매상과 같은 대상인과 종속적 장인匠人층 노동자의 차이가 점차 커지고, 리옹의 견직물업 등에서는 직인職人들의 파업이 종종 일어나게 된다. 독점상인들은 도시 길드의 독점을 부수기 위해 널리 농촌지대를 기반으로 저임금 노동자들을 고용했고, 그것은 농촌 가내공업을 발전시키게 된다.

예를 들어 루앙Rouen에는 마직麻織업자(실은 도매상)가 727명 있었는데, 대부분이 인근 농촌에서 생산되었고, 트루아Troyes에서는 장인(이것도 전대前貸 도매상) 420명이 농민 2만 4000명에게 일을 시키고 있었다. 상인과 생산자, 즉 직인의 관계는 점차 긴밀해져 단순한 매점買占에서 자금·원료의 전대前貸(미리 대여해주는 것)로 나아가 마지막에는 생산도구 자체를 대여해줌으로써 도매상은 사실상 산업자본가로 전화했다(아미앵Amiens, 세당Sedan 등).

도매상제 생산의 이와 같은 발전은 영주의 지배와 대립했을 뿐만 아니라 절대왕정의 공업규제 정책과도 모순되는 것이었다. 영주에게 납부하는 통행세나 시장세, 왕권의 길드 규제나 제품의 품질·수량·가격·판매방식 등에 대한 번거로운 규제를 철폐하도록 만든게 이들 신흥 부르주아들의 요구였다. 1760년대 이후가 되면 왕권은 후퇴하기 시작해, 농촌의 제조업자들이 길드 규제에서 벗어나기도 했다. 경제학자로 대신을 지낸 튀르고(Anne-Robert-Jacques Turgot, Baron de Laune, 1727~1781)는 1776년 포고령布告令에서 길드 폐지를 선언했으며, 또 혁명 직전에는 직물제조 규칙을 완화했다. 부르주아 적 생산의 발전은 낡은 영주권 및 절대왕정의 정책과 점점 정면으로 대립하게 되었는데, 이것을 기억해둘 필요가 있다.

그러나 부르주아층 속에서 더욱 유력했던 것은 보르도Bordeaux, 라로셸La Rochelle, 마르세유Marseille 등의 무역항에 몰려든 무역상인들 이었다. 서인도 식민지, 아메리카, 중근동(중농과 근동을 아울리 이르는 말로, 북아프리카와 서아시아를 가리킴—옮긴이) 등과 무역해 큰돈을 번 대상인들은 왕권의 무역통제 정책에 대해 무제한의 '상업의 자유'를 주장하면서 파리의 상인 길드나 귀족적 특권에 대항했다. 당시 무역 의 약 절반은 식민지와의 교역이었는데, 그중에서도 보르도는 포도 주를 수출하고 사탕·커피·면화 등을 수입했다. 또한 아프리카 흑인 들을 신대륙으로 실어가는 거점이기도 했다. 이 보르도 주변에서 혁 명 당시 '지롱드파'로 활약하게 되는 부르주아 자유주의자들이 배출 된 것은 결코 우연이 아니었다(보르도는 지롱드Gironde 지방의 수도다).

## 3. 혁명과 계급들

이렇게 보면, 경제가 발전하는 과정에서 절대왕정 및 그 기초를 이

룬 봉건제를 대신할 새로운 계급편성 움직임이 착착 진행되고 있었다는 것을 알 수 있다. 절대왕정은 신분제도 위에 서 있었다. 귀족 40만 명, 성직자 12만 명이 특권신분으로 최상위에 있었다. 그 아래에 군사·관료 조직이 정연하게 짜여져 있고, 상인과 수공업자는 길드 조직 속에, 농민은 촌락공동체를 말단조직으로 해서 교회관구·지방행정 조직 속에 짜여져 있었다. 민중들은 제각기 배타적인 소우주 속에 에워싸여 있었고, 위에서 아래로 작동하는 계급제도가 모든 인간들을 싸안고 있었다. 농민이나 직인들의 폭동과 비밀결사가 있었지만 분열된 상태로 지배당하고 있어 사회의 투쟁은 대부분 "내일 없는 싸움"으로 끝날 수밖에 없었다. 절대왕정하의 프랑스는 상공업 발전에서는 영국에 뒤졌지만 그 조직과 통일성, 인구의 면에서는 당시 전 세계에서 비길 데 없는 강국이었다.

　　오직 자본주의적 발전만이 변혁을 준비하고, 변혁을 조직했다. 그것은 우선 부르주아지의 경제적·사회적 지위를 높였고, 그 정점 부분을 법복法服귀족, 재정가, 지방 유력자들이 차지했다. 그런데 중요한 것은, 부르주아 상층부가 절대왕정의 지배기구 속으로 흡수돼 귀족화함으로써 계급으로서의 부르주아지의 독자성을 잃어버린 게 아닌가 하는 점이다. 귀족이 된 부르주아 상층부는 폐쇄적인 서클을 만들었는데, 생산과 경쟁의 발전은 그럼에도 불구하고 도처에서 부르주아적 이해관계를 만들어냈고, 그 이해관계는 지역과 직업과 신분을 넘어 서로 뒤얽히기 시작했다. 절대왕정의 종적縱的인 분단分斷 정책은 도처에서 허물어졌고 사회의 수평화운동이 시작됐다. 부르주아적 이해가 횡적橫的으로 뒤얽히는 것은 그것 자체가 정치적 의의를 갖는 현상이었다. 농민도, 도시의 소시민도 마침내 거기에 익숙해지게 되었다.

부르주아지 중에서는 재정가·무역상인·대지주 등의 상층 부르주아지와 산업가·지방상인·대차지농 등의 중산층 부르주아지가 기본적으로 구별된다. 전자는 정치적으로 유력자였으나, 그런 만큼 실천적으로는 겁이 많았다. 그들은 재정의 난맥상에 대해서는 건전재정을 주장했고, 무역에 대해서는 '자유방임'을 추구했다. 그러나 절대왕정이라는 기구 그 자체를 바꾸자는 데까지 생각이 미치진 못했다. 귀족과 타협해 왕정을 지속하는 것이 가장 유리하다고 봤고, 또 그것이 가능하다고 생각했다.

중산층 부르주아지의 욕구는 좀 더 민주적이었다. 그들은 부르주아적인 관계가 국가·사회의 모든 기구를 관통하게 할 필요가 있다고 보았다. 왜냐하면 생산을 발전시키고 상업의 자유를 실현하기 위해서는 생산과 유통에 지장을 주는 모든 정책·기구·권리 등을 배제할 필요가 있었기 때문이다. 예컨대 왕이나 영주의 도로 부역이나 군역軍役이라는 게 있었다. 그것 때문에 부르주아와 그 자식들은 상업활동을 희생하고 농민과 함께 봉사작업에 나가야 한다. 부르주아와 동일한 납세지구에 있는 빈농이 세금을 체납할 경우, 부르주아도 연대책임을 져야 한다. 투옥되기 싫으면 그가 세금을 뒤집어쓸 수밖에 없었다. 그가 소맥(밀)상인일 경우, 팔고자 하는 소맥을 매집하더라도 그것을 팔 장소와 기간, 가격은 왕국이 포고령을 통해 지정한다. 부르주아적 이해를 관철하기 위해서는 이런 모든 것들을 개혁해서 국가를 새로운 기초 위에 건설해야 했다. 그리하여 부르주아지는 그들이 의도하든 않든 그와는 상관없이 혁명적 계급으로서의 임무를 질 수밖에 없었다.

그리고 농민이 있다. 프랑스 혁명이 독자적이고 변혁이 철저했던 것은 광범한 농민층이 행동에 나서고 단호하게 싸웠기 때문이다. 부르주아지는 그야말로 혁명적인 계급이었다. 하지만 혁명이 만일 부르주아지의 행동반경 내로 제한돼 있었다면, 프랑스 혁명은 '민중혁명'으로서의 실질을 갖추지 못한 채 끝났을 것이다. 부르주아지는 귀족에 대해서는 혁명적이었다. 그러나 그들은 새로운 착취자였고 그 점에서는 역시 소수자였다.

하지만 농민은 다르다. 농민은 전체 인구의 6분의 5를 차지했는데, 소수의 예외를 빼고는 그들이 착취자가 되는 경우는 없었다. 그렇지만 이미 살펴봤듯이 18세기 후반에는 '농민'이라는 단일 계급은 이미 소멸했다. 그들도 또한 부농·중농·빈농이라는 새로운 서열로 재편되고 있었다. 그런 상황 속에서 부농층의 요구는 거의 부르주아적 이해와 일치했다. 그들은 영주의 독단에는 화를 냈다. 그러나 동시에 그들은 새로운 사회의 주인공이 되려 했다. 혁명이 너무 깊이 진행돼 이자는커녕 본전마저 날려버리는 상황까지 나아가지 않을까 그들은 불안해했다.

광범한 중농층, 그들이야말로 봉건영주제에 대한 직접적인 적대계급이었다. 왜냐하면, 이미 살펴봤듯이 영주권은 그들에 대해 물적인 착취관계 그 자체로 다가왔기 때문이다. 그들은 영주권의 완전한 철폐와 권리의 평등을 소망했다. 압박도 없고 착취도 없이 자유롭고 평등한 소생산자들이 같이 살아가는 사회, 그것이 그들의 희망이었다. 그러나 이 희망은 달성될 수 있었을까. 봉건영주의 뒤를 잇는 존재로 부르주아지라는 새로운 주인공이 틈을 노리고 있었다. 중산층 농민의 이상과 현실의 괴리는 혁명과정에서 생생하게 드러나게 될 것이다.

마지막으로 다수의 빈농층. 그들은 도시의 빈민층과 함께 혁명의 좌익을 구성했다. 빈농의 요구는 단지 봉건귀족을 무너뜨리는 것만이 아니었다. 그들이 획득한 것은 지극히 미미했다. 귀족에게든 아니든 토지가 누군가에게 독점돼 있는 것, 또한 조상 대대로 이어지는 직업을 이어갈 수 없게 된 것, 이것이 그들에게 불만의 씨앗이었다. 그들은 목마른 자가 물을 찾듯이 토지를 갈망하고 빵을 갈망했다. 그들은 열렬한 직접행동파임과 동시에 신비로운 몽상파였다. 그들은 거의 맹목적이었다. 그러나 절대왕정이 지배하고 특권신분이 위세를 떨치는 조건하에서는 빈농이나 빈민의 함성이야말로 무엇이 진짜 문제인지를 분명히 드러내고 정치가 어떠해야 하는지를 반성하게 만든 위대한 힘이었다. 그들의 정렬적인 행동은 혁명에 불을 붙이고, 혁명을 전진시키는 에너지였다. 하지만 그들은 혁명에서 무엇을 얻을 수 있었던가. 그것은 앞으로 살펴보게 될 것이다.


계급과 혁명의 관계가 구체화되고 실천적인 것으로 바뀌어감에 따라 혁명 쪽에 선 집단과 혁명을 저지하고 혁명을 역전시키려는 반혁명 집단이 정치적으로 구별 짓게 된다. 성직자와 귀족은 전체적으로는 반혁명 집단을 형성하게 된다. 그러나 중요한 것은 이 집단이 분열할 가능성이 있다는 것이었다. 귀족이 망명귀족과, 이른바 자유주의 귀족으로 분열될 가능성이 있었던 것과는 대조적으로 혁명 집단은 초기에는 오히려 결집되고 통합됐다. 부르주아 세력은 대체로 지주와 대부르주아를 포함한 온건하고 타협적인 부르주아 세력과, 중산층 부르주아와 농민층을 포함한 급진적인 소부르주아 세력 두 갈래로 봐도 좋을 것이다.

이들 반혁명 집단과 혁명 집단이 서로 격렬하게 싸우는 가운데 이른바 '제4계급'인 도시 빈민과 빈농의 정치세력이 머리를 들고 혁명운동에 참여한 것, 이것이 프랑스 혁명 당시의 세력분포였다.

2장 계몽사상

- 앞 쪽 그림 설명:    미망의 구름을 걷어내는 태양과 지혜의 여신. 오른손에 해시계를 들고
있다.

## 1. 계몽의 세기

"혁명은, 사상의 영역에서는 이미 이 세기 중반 이후부터 존재했다"
고 혁명사가 마티에(Albert Mathiez, 1874~1932)는 말했다. 혁명이 현
실로 실현되기 위해서는 먼저 사람들의 머릿속에서 혁명이 일어나
야 한다.

'사상의 혁명'이라는 점에서도 프랑스의 지위는 독자적이다.
18세기는 흔히 말하듯 '계몽啓蒙의 세기'였다. '계몽'과 '혁명'은 프
랑스에서는 보기 좋게 결합했다. 비유적으로 말하면, 17세기의 영국
에서는 '혁명'은 있었지만 '계몽'은 없었다. 영국 혁명은 퓨리터니즘
이 보여주듯이 기독교의 틀 속에서 진행됐기 때문이다. 19세기의 독
일에서는 '계몽'사상만은 풍부했으나 정작 가장 중요한 '혁명'은 사
상 속으로 빠져들고 말았다. 프랑스에서만 '계몽'과 '혁명'이 어우러
지는 행운의 결합이 실현됐다고 할 수 있다.

계몽사상은 앞서 살펴본 것처럼 사회 내부의 여러 계급의 움
직임이나 요구를 반영하고, 그것을 이론화한 것이다. 우수한 두뇌
와 강한 개성만이 그것을 이뤄낼 수 있다. 왜냐하면 사회에는 여러
계급들이 있지만 그것은 계속 형성 중이어서 끊임없이 움직이고 있
고, 그 요구도 복잡하고 막연하기 때문에 그것들을 수렴해서 원리적

인 체계를 충분히 단련해내기 위해서는 매우 강인한 사고력이 필요했다. 그리고 또 계몽사상은 동시에 '비판의 철학'이어서, 당시의 일반적 조류를 거부하고 자기 주장을 펼 필요가 있었다. 당시의 일반적 사조는 기독교(가톨릭)였고 국가주의였으며 중상주의였는데, 이들은 이른바 '관제 학문'으로 권력의 보호를 받고 있었다. 따라서 계몽사상은 권력, 때로는 여론을 거스르며 주장을 펼쳐야 했다. 출판이 허가제여서 저자는 책이 불태워지거나 투옥될 위험을 무릅써야만 하는 시대였다. 소수의 선구자들만이 그런 시련을 견디고 인류의 정신사를 장식할 수 있었다. 그것은 혁명과 마찬가지로 귀중한 의미를 지니고 있었다.

계몽사상 중에서 맨 먼저 거론되는 것은 몽테스키외(Charles-Louis de Secondat, Baron de La Bréde et de Montesquieu, 1689~1755)와 볼테르다. 두 사람 모두 주로 18세기 전반기에 활동한 인물로, 볼테르는 문학작품과 종교·문명 비판에서, 몽테스키외는 정치·사회론에서 걸출했다. 볼테르는 기독교의 형이상학적인 독단론(신은 전능하며, 절대 선이다)과 인간부정론에 반대하고 기독교를 불교나 이슬람교와 동렬에 있는 종교로 상대화했으며, 그것을 통해 '있는 그대로의 인간'을 긍정하는 인간주의 윤리를 주장하며 이끌었다. 그의 『철학서간』이나 『역사철학』, 『루이 14세의 세기』 등 많은 작품들은 이 인간주의와 자연주의 관점에서 행한 풍자요 비판이다. 그가 "스파르타에서는 간통을 장려했으나 아테네에서는 그것을 사형죄로 처벌했다"고 할 때, 그것은 초시대적, 초사회적인 절대선이라는 것은 없다는 것을 주장하고 있는 것이다. 그러나 그는 신을 버리진 않고 세계의 형성자로서의 '신'을 인정했는데, 그 '신'에 의해 만들어진 자연과 사회는 또한 독자성을 지니고 있다고 생각(이신론理神論)했다. 즉 "이신론의 신을 배경으로 자연의 목적론을 사회의 목적론에 접합시켜, 모든 것을 상대론적, 회의론적으로 처리"(노다 마타오野田又夫, 『자유사상의 역사』)한 것이다.

볼테르는 이런 입장에서 광신과 독단과 사회적 부정에 성열적으로 맞서 싸웠다. 그는 70살이 넘은 나이에도 억울한 사람을 돕고 농노해방을 호소했으며, 곤궁에 처한 사람들에게 직업을 안겨주는 실천활동을 했다. 그가 품고 있었던 것은 바로 '이성의 정열'(그로투이젠Bernard Groethuysen, 1880~1946)이었다.

볼테르는 파리의 공증인 집안에서 태어났으나, 몽테스키외는 보르도의 법복귀족 가문에서 태어나 나중에 그곳 고등법원장이 된 명문가 출신이다. 그는 볼테르와는 달리 정치적으로는 보수적이었지만 사회분석방법론에서는 볼테르를 능가하는 체계를 세웠다. 그 결실이 『법의 정신』(1748)이다. 몽테스키외의 이론상의 공헌은, 그가 인간 및 인간사회를 그 자체로서 객관적으로 파악하기 위한 길을 열었다는 데에 있다. "인간은 물적인 존재로서는 다른 물체와 마찬가지로 불변의 법칙에 지배당한다. 그러나 지적인 존재로서의 인간은 신이 만든 법칙들을 끊임없이 부수고 그 자신이 만든 법으로 대체한다." 그는 인간현상을 객관적이고 현실적인 존재로 받아들이고, 종교적이고 정치적인 가치판단을 거기에서 배제했다. "사물의 본성에서 유래하는 필연적 관계", 이것이 그가 말하는 '법'이다. '법'은 국민이 처해 있는 객관적 조건—몽테스키외의 유명한 기후·풍토론—이 어떠하냐에 따라 내용과 작용이 다르기 때문에 그 우열을 일률적으로 결정할 수는 없다. 따라서 인간사회의 연구는 '관찰'과 '비교'를 통해 각각의 사회를 그것 자체로 조사해야 한다. 그가 18세기 사람에 걸맞게 종종 외국을 견문하며 돌아다닌 것이 그런 작업에 보탬이 됐다.

그는 가톨릭과 그 교의를 노골적으로 공격하지 않았고, 또 이단적異端的인 주장을 하지도 않았다. 그러나 그는 앞서 얘기한 인식을 확립함으로써 "이단 이상의 것"을 수행했다. 왜냐하면 인간과 사회를 합리적으로 해명하는 일은 신학으로부터 그 모든 적용영역을 빼앗아온 것이나 다름없었기 때문이다. 게다가 그는 모든 사회현상이 지배자(국왕)의 의지나 덕성과는 무관하다는 점을 분명히 하고, 이른바 덕이 있는有德 군주라든가 명군名君 정치라는 것을 인정하지 않았다. 이는 정치를 도덕과는 다른 차원의 것으로 파악했다는 것을 의미한다. 그로투이젠의 설명을 빌리자면, "역사를 만드는 것은 왕들도 신도 아니다. 역사는 저절로 만들어지는 것"이라는 게 몽테스키외의 입장이다.

그를 유명하게 만들어준 '삼권분립론三權分立論'은 그런 인식과 방법을 서유럽의 군주정치에 적용한 결과다. 그는 군주정치하에서 어떻게 국민의 정치적 자유를 유지하고 확보할 것인지를 고민하면서, 그 해답을 주권의 기능적·기구적 분할 속에서 찾았다. 이 '삼권분립론'에서, 몽테스키외 자신이 내심 의도했던 것은 고등법원 귀족으로서의 귀족적 특권을 왕권의 구속으로부터 옹호하려 한 것이었는지도 모르겠다. 예컨대 마티에는 이런 관점에서 몽테스키외의 반동성을 비판한다. 몽테스키외가 법복귀족의 일원으로 귀족적 특권의 아성인 고등법원을 옹호한 것은 사실이다. 그러나 '삼권분립론'이 제기한 문제는, 그가 거기에 어떤 당파적 역할을 투사했든지 간에 그것이 절대왕정을 개혁하는 법적 기구로서 객관적인 유효성을 지니고 있었다는 점에 있다. 삼권분립론은 법복귀족만이 아니라 혁명적 부르주아지가 절대왕정을 비판하고 개조하기 위한 자유주의적 국가론으로서도 매우 유효했고, 또 실천적으로도 그러했다. 이는 그의 착상과 방법론이 지닌 우수성 덕택이었다.

볼테르, 몽테스키외는 계몽사상의 위대한 선구자였으나, 두 사람은 또한 그 자신의 한계랄까 약점으로부터 자유롭지 못했다. 볼테르는 인간성humanité과 이성raison을 앞세우고 무지와 미신을 날카롭게 공격했으나, 그 주장을 이론적으로 심화하고 체계화하진 못했다. 몽테스키외는 이와 반대로 방법론과 체계적 분석에서는 뛰어났으나 실천과의 연결은 애매했고 미온적이었다. 이들의 결함은 1750년대 이후에 활동한 사상가들에 의해 메워지고 극복되게 된다.


## 2. 혁명사상


1750년대 이후 계몽사상의 특징은 사상가가 다루는 문제가 한층 더 현실적인 것, 실천적인 것으로 바뀌고, 그에 따라 원리나 방법도 한층 더 날카롭게 벼려진다는 것이다. 그런 사상가들은 많지만 혁명과의 관계로 볼 때 여기에선 케네(Francois Quesnay, 1694~1774)가 내표하는 '중농重農주의자', 디드로(Denis Diderot, 1713~1784)로 대표되는 '백과전서파', 마지막으로 장 자크 루소(Jean-Jacques Rousseau, 1712~1778) 등 세 부류를 살펴보기로 한다.

케네는 '경제학=중농주의'로, 디드로는 '철학=유물론'으로, 루소는 '정치이론=인민주권론'으로 모두 근대과학을 대표하는 일을 한 인물들일 뿐만 아니라 정치적 실천에서도 각자 독자적인 역할을 한 사람들이다.

일반적으로 계몽사상은 '자연법' 사상이라는 토대 위에 서 있다. 이 사상은 '외계=사회현상'에 대해 '자연'과 '인위人爲'를 구별하고, '인위'는 임시적, 일시적인 것이며 '자연'이야말로 영원히 변치 않는 본질적인 것이라고 본다. 따라서 거짓인 '인위'를 없애고 '자연'을 추구하며 '자연'과 함께할 필요가 있다고 본다. 이런 자연법 사상은 중세에는 '신의 질서'의 토대가 됐고, 또 근세에는 절대군주의 지배를 정당화하는 역할을 했으나 영국의 홉스(Thomas Hobbes, 1588~1679), 로크(John Locke, 1632~1704) 등의 시대에 이르러 인간 중심적인 사상으로 개조됐다. 즉 사회와 국가는 신의 의지나 국왕의 의지에 의해서가 아니라 인간의 '자연'스러운 의지와 이성에 의해 성립된다는 설이다. 눈앞에 있는 현실의 국가나 법은 '인위'이며, 이 '인위'의 저편에서 '자연의 법칙'을 탐구하고 그것을 '인위'의 토대로 삼아야 한다. 그리하여 자연법사상은 인간이성이나 인간의 의지 (자연권)를 토대로 삼아 현실의 국가나 법을 비판하고 개조하기 위한 사상으로 전환된다.

　　앞서 얘기한 세 사상가는 모두 이 자연법사상의 기초 위에 서 있었다. 다만 그 이해방식의 특징은 각기 다르다. 케네는 원래 의사였고 외과의학 개척자였는데, 그는 의사로서의 자연인식을 사회에도 적용해 자연법을 이른바 자연과학적으로 받아들였다. 즉 자연법은 객관적, 물리법칙적인 '자연질서'이며, 그것을 이성을 통해 인식하고 거기에 따르는 것이 '좋은 통치'라는 것이다(그렇지만 그는 신의 계시라는 것을 배제하진 않았다).

　　지방의 철물상 집안에서 태어난 저널리스트 디드로는 어떠했던가. 그는 '자연'을 인간의 자연으로 받아들였다. 인간의 자연적 욕구, 성욕·쾌락욕·사교성社交性 등의 '인간적 자연'을 긍정하고 그 토대 위에서 기존의 제도나 사상을 비판했다. 인간주의적인 '행복철학'이 그의 입각점(기본 관점)이었다.

　　마지막으로 제네바의 직인職人 자손인 루소의 자연법은 가장 이상주의적인 색깔을 띠고 있었다. 그는 자연법의 기초에 인간이 일찍이 지니고 있었으나 지금은 잃어버린 '자연적 자유'를 생각했다. 그것은 인간의 원초적인 자유이며, '자연인'한테서만 발견되는 독립불패의 정신이다. "자연으로 돌아가라"는 그의 외침이 보여주듯 인간의 이성보다 오히려 심정heart, 센티멘트sentiment를 근거로 삼은 현실비판이 그의 입각점이었다. 간단히 말하면, 케네는 '자연질서' 사상을, 디드로는 '인간적 자연'을, 루소는 '자연인'의 입장을 각각 취하고 있었다고 해도 좋다. 이 세 사람의 차이는 현실에 접근하면서 더욱 구체적인 형태로 드러나게 될 것이다.

먼저 케네에 대하여 알아보자. 케네는 의사로서, 인간의 신체 내에 혈액이 순환하면서 끊임없이 재생되는 구조를 알고 있있는데, 그와 같은 것이 사회 속에서도 이뤄지고 있다고 생각했다. 사회 내부를 순환하는 부富를 생산하고 재생산하는 궁극적인 곳은 어디일까. 그것은 농업이 영위되는 토지(땅)라고 그는 대답한다. "군주도 국민도 토지야말로 부의 유일한 원천이며, 부를 증가시키는 것은 바로 농업이라는 것을 한시도 잊어서는 안 된다." 물론 토지와 농업이 사회의 기초라는 사상은 결코 새로운 것이 아니었다. 그것은 농업사회에서는 늘 볼 수 있는 것이다. 그러나 케네의 새로움은 토지를 자본 투하 측면에서 포착해 자본의 이윤에 상당하는 '순생산물純生産物'이 토지에서 만들어진다는 것을 밝힌 점에 있다. 그는 이런 관계를 사회의 여러 계급들-지주계급·생산계급·비생산계급 관계로 치환해 그 상호연관을 표로 정리했다. 이것이 유명한 '경제표'다.

케네는 봉건제가 여전히 지배적인 사회 속에서 생산력을 어떻게 발전시킬지, 농업생산의 자본주의적 관계는 어떤 것인지를 깊게 통찰했다. 당시의 지배적인 학설은 중상주의로, 상업이나 유통에서 부가 나온다는 소박한 현상주의를 벗어나지 못했으나, 케네는 이 한계를 돌파해 생산과 재생산의 구조를 밝혀낼 수 있었다. 앞서 얘기한 것처럼 이 시대는 객관적으로 부르주아적 생산이 상당한 정도로 발전해 있었기 때문에 사물을 있는 그대로 보기만 하면 케네와 같은 인식에 도달하는 게 당연지사처럼 여겨지겠지만, 사상이나 과학의 영역에서는 사정이 그렇게 용이하진 않았다. 객관적으로 존재하는 사실을 객관적으로 받아들인다는 것, 여기에는 이미 천재의 힘이 필요했다. 인간을 감싸고 있는 확신이나 상식, 전통의 힘은 그토록 강력한 것이다. 더구나 자신이 파악한 사실이나 사실연관聯關을 올바른 추론방식으로 설명하고 그것을 통해 사람들을 일정한 방향으로 움직이는 일은 한층 더 어렵다. 케네는 경제학 영역에서 그런 난관을 돌파한 사람들 중 하나였다. 그를 '경제학의 아버지'라고 부르는 사람이 있는 데엔 그만한 이유가 있다.

'경제표'에서 케네는 생산 통제자로서의 지위를 '지주 계급'에 주고 있다. 이 '지주 계급'은 자본주의적인 생산을 전제로 하기 때문에 물론 봉건영주 계급은 아니다. 하지만 봉건영주 계급이라고 하더라도 영주권에 더 이상 의존하지 않고 단순한 토지소유자로서 재생再生한다면 '순생산'을 할 수 있다고 주장한다. 케네는 이 주장을 실현하기 위해 동조자들을 모아 '학파'를 만들고 여론과 정치에 영향력을 행사하기 시작했다. 보도(Abbé Nicolas Baudeau, 1730~1792), 미라보, 뒤퐁(Éleuthère Irénée Dupont de Nemours, 1739~1817) 등이 주요한 협력자들이었으며, '피지오크라시(physiocracy, 자연의 통치. 중농주의)'라는 것이 그들의 체계를 일컫는 이름이 됐다.

중농주의는 정치적으로 어떤 의미를 갖고 있었던가. 케네가 부의 원천으로서의 토지를 중시한 것은 이미 얘기했지만, 토지의 생산력을 발휘하도록 하기 위해서는 토지 소유권의 안전과 자유가 필수적이다. 그것을 어떻게 보장할 수 있을까. 그것은 '소유권'에 기초를 둔 정부와 국가를 만듦으로써 비로소 가능해진다. "법과 후견역할을 하는 권력이 소유권과 자유를 보증하지 않는 한 유효한 정부도 사회도 결코 존재할 수 없다." 케네는 군주가 소유권의 절대성을 보증하기 위해(이것이 그가 말하는 '합법적'이라는 것이다) 모든 권력을 집중할 필요가 있다고 생각했다. 그는 이것을 '합법적 전제주의'라고 불렀다. 즉 단 한 사람의 군주—계몽군주—에게 권력을 집중함으로써 그가 말하는 '지주 계급'의 지배를 실현하려는 것이다.

이 구상은 현실문제로서는 특권신분이나 특권 부르주아층을 절대왕정의 상층부에서 제거하는 것을 의미했다. 그리고 그 빈자리를 의회와 부르주아 세력으로 메우는 것이 아니라 오로지 계몽군주의 선정에 기대하는 엉거주춤한 개혁을 의미했다. 그러나 이것이 절대왕정의 개혁을 의미하는 면이 있는 것도 또한 사실이다. 중농주의운동은 1760년대에 상당한 성과를 거두었고, 그 운동이 주장했던 지주와 부농을 위한 '곡물거래의 자유'는 1763년에, 그리고 대농경영을 위한 토지 몰수를 의미하는 '토지 엔클로저enclosure의 자유'는 1768년에 모두 정부에 의해 일단 공인됐다.

이 운동들은 사회 상층부에 속하는 대지주와 부농의 운동이었고, 힘이 있었지만 그 정치적 입장은 미온적이었다. 그러나 그들이 주장한 경제적 자유주의는 봉건적 특권과 관료통제에 기생하는 구세력과 대립했을 뿐만 아니라, 그들이 추진한 정책이 농민층의 몰락과 프롤레타리아화를 불러일으켰기 때문에 식량폭동과 엔클로저 반대 민중봉기를 자주 불러와, 1770년대에 들어가면서 그들은 후퇴할 수밖에 없었다. 1774년에 케네는 실의 속에서 그 생애를 마감했다.

그러면 디드로는 어떤가. 케네 및 중농주의자는 사회 속의 합리적인 질서를 인정했으나, 디드로는 인간 및 세계에 대한 형이상학적인 전

짧게 쓴 프랑스 혁명사

체인식을 배제했다. 디드로에 따르면, 자연 및 세계는 생생하게 살아 있는, 풍성하고 다양한 물적 결합체로서 끊임없이 변화하고 끊임없이 서로 전환하는 존재다. "모든 생물, 따라서 모든 종은 서로 순환한다. 모든 동물은 다소간에 인간이며, 모든 광물은 다소간에 식물이고, 모든 식물은 다소간에 동물이다. 자연 속에서 명확한 것은 아무것도 없다."

디드로를 추동하고 있는 것은 생명주의와 동적인 세계관이다. 무한히 복잡하고 다양하며 끊임없이 변화하고 있는 세계에 대해 초월적이고 추상적인 '체계(시스템)'는 아무 소용이 없다. 그의 관심은 구체적이고 특수한 사물이나 경험을 기술하고 헤아려서 비교하는 쪽으로 향하고 있었다. "여러 과학의 광대한 영역들은 바로 대지 위에 미지의 장소와 알려진 장소가 산재하고 있는 것과 같다. 우리가 할 일은 알려진 장소의 경계를 어떻게 넓혀갈지, 지상에서의 지식의 중심점을 어떻게 늘려갈지를 지향하는 것이어야 한다." 1751년부터 1772년까지 그는 유명한 『백과전서百科全書』를 출판했는데, 이 책은 과학은 여러 사실들의 풍부한 집적일 뿐이라는 그의 과학관을 잘 나타내고 있다.

절대왕정하에서는 단지 사실이 어떠한지를 밝히는 것조차 이미 위험한 일이었다. 『백과전서』에서는 세계에는 기독교 외에 많은 종교들이 있고, 왕정 외에 여러 정치형태가 있고, 좋은 국왕이 있는가 하면 나쁜 국왕도 있다는 것을 자세히 얘기할 수밖에 없었다. 또 사실들을 집적해 얻어진 일반적 결론과 비판도 피해 갈 수 없는 일이었다. 사실 디드로는 『백과전서』에서 "모두 저 케케묵고 어리석기 짝이 없는 생각을 짓밟아버리고 이성에 토대를 두지 않은 지식을 뒤집어엎어, 이토록 귀중한 과학과 기예技藝의 자유를 되찾아야 한다"라고 말하며 그러한 것들을 의도했다. 그는『백과전서』편집을 시작하고 나서 곧바로 저서『맹인 서간』의 무신론적 경향을 이유로 체포당했는데,『백과전서』제1권이 나오자 반동파 특히 제수이트파(예수회)의 압박으로 여러 차례 발행정지, 예약모집 금지라는 곤욕을 치렀다.

하지만 그는 초판 발간 이래 21년에 걸쳐 본문 17권, 도판 11권에 이르는 대사업을 성공시켰다. 총 집필자 184명, 항목 수 약 6만, 4백 자 원고지로 환산해 약 14만 매 분량에 이르는 대저였다(구와바라 다케오桑原武夫 편,『프랑스 백과전서 연구』참조).

그리하여『백과전서』및 백과전서파는 프랑스 혁명을 위한 사상을 보급하고 선전한 직접적인 당사자라는 평가를 받게 된다. 혁명의 와중에 로베스피에르는 말했다. "백과전서파의 영향과 정책을 무시하는 자는 그 누구도 우리 혁명의 서곡에 대해 완전한 이데(idee, 관념, 이념)를 가질 수 없게 될 것이다." 또 혁명 뒤에 반혁명의 입장에서 샤토브리앙(François-René de Chateaubriand, 1768~1848)은 이렇게 썼다. "백과전서파의 철학은 그 대부분이 잊혀졌고, 그들은 프랑스 혁명만 남겼다."

백과전서파로 불리는 사람들은 디드로를 비롯해『백과전서』기고자인 달랑베르(Jean-Baptiste Le Rond d'Alembert, 1717~1783), 돌바크(Paul Henri Dietrich d'Holbach, 1723~1789), 그림, 볼테르, 몽테스키외, 튀르고 등이 있다. 엘베시우스(Claude Adrien Helvétius, 1715~1771),

콩디약(Étienne Bonnot de Condillac, 1715~1780)은 기고자는 아니지만 백과전서파로 인정되며, 또 케네나 루소는 기고자이지만 백과전서파로 간주되지 않는다. 이는 백과전서파라는 것이 하나의 확고한 경향성 내지 당파성을 지닌 집단으로 일반적으로 인식되고 있었

로베스피에르.

음을 보여준다. 즉 무신론적 경향, 경험론(감각론), 주지주의, 개량주의, 자유주의, 사유재산론, 제한군주정론 등의 부르주아 자유주의적 경향이다. 디드로는 말했다. "모든 권력은 그 어떤 것이든 신에게서 유래한다고 말하는 것은 천박한 아첨꾼의 해석이다." "주권의 목적은 인민의 행복이다." "시민사회를 만드는 인간의 주요한 목적 가운데 하나는 그들이 획득한, 또는 획득할 수 있는 여러 이익들의 평온한 점유를 확보하는 데에 있다." "시민을 만드는 것은 소유다. 국가 내의 모든 소유자는 오로지 재산을 갖고 있다는 이유 때문에 자기의 대표자를 가질 권리를 획득한다." —『백과전서』속에 보이는 이런 말들은 '소유권'을 기초로 하는 의회제 국가를 수립하려 했던 디드로의 지향을 드러내고 있다. 경제 면을 보더라도, 그는 케네의 영향을 받으면서도 또한 케네를 수정해서 자영농민의 일반적 부유화富裕化와 농촌공업으로서의 '매뉴팩처'의 발전을 기대했다. "마을이나 웬만큼

작은 도회에서도, 농촌 주민의 생활이나 그 허름한 옷차림을 (개선하기) 위해서라도 가구나 직물 제조업을 일으킬 필요가 있다. 그런 제조업은 농업의 안락과 인구를 더욱 증대시킬 것이다."

디드로는 케네가 농업에만 역점을 둔 것과는 달리 제조업도 중시하고, 그 발전과 보급을 위해 많이 노력했다. 『백과전서』 도판을 만들기 위해 그는 장인들 작업장을 방문해 공구나 작업방법에 관해 면밀하게 기록했으며, 경제정책에도 관심을 기울여 독점이나 통제, 무거운 세금 등을 비판하기도 했다. 1770년대에 그는 중농주의자의 자유무역론─곡물수출의 자유─에 반대하는 입장을 취해, 곡물수출은 대규모 차지농借地農을 위한 정책이며 그것을 지지하는 중농주의자는 공업의 생산성을 무시하고 있다는 점을 날카롭게 비판했다. 디드로 및 백과전서파는 중농주의자의 협소한 지주·부농적 입장을 확대해서 널리 부르주아지 일반을 위해 생산력을 해방하고 사회의 진보와 개혁을 추진하려 했다고 봐도 좋다.

마지막으로 루소의 사상을 살펴본다. 백과전서파는 진보주의 입장을 취했으나 혁명을 주체적으로 의도한 것은 아니었다. 그들은 인간의 '완성 가능성'(생산력은 그중의 하나다)을 믿고 사태진행에 낙관적이었다. 그러나 루소는 달랐다. 그는 현실 사회를 낙관적으로 볼 수 없었다. 자연상태 속의 인간의 자유와 평등은 현실사회에서는 근본적으로 파괴돼 있기 때문이었다. 그래서 그는 현실 속에서 자유와 평등을 확립해야 했다. 악의 근원은 어디에 있는가. "이들 모든 악덕은 인간에 속하는 것이라기보다 악한 정치하의 인간에 속하는 것이다." 열쇠는 정치 속에 있다. 루소는 이것을 직관했다. 일반적으로 루소는 케네와 같은 합리성 신앙을 갖고 있지 않았으며, 디드로와 같은 경험주의 입장을 취하지도 않았다. 이성보다 감성, 추리보다 직관이 루소의 본질을 이룬다. 루소는 그 자신이 말했듯이 "보기 전에 모든 것을 느낀다"는 인간이었고, 추상적 사고나 사실의 집적이라는 과정을 뛰어넘어 일거에 사태의 본질에 다가가는 천재적인 직관을 지니고 있었다. 그는 『인간 불평등 기원론』(1755)과 『정치경제론』(1755)에서 사회악의 근원에 불평등이 있다는 것, 재정이나 조세는 이 불평등을 긍정하는 토대 위에 서 있다는 것을 논했고, 『에밀』(1762)에서는 소설 형태로 자연인을 키울 필요가 있다는 점을 설파했으며, 『신엘로이즈』(1761)에서는 청순한 연애의 승리를 그렸다. 모두 불후의 작품이다. 하지만 사회이론에 관한 최고의 작품은 말할 것도 없이 『사회계약론』(1762)이었다(구와바라 다케오 편, 『루소 연구』 참조).

『사회계약론』이 근대사상의 초석을 놓은 고전적 명저라는 것은 오늘날 부동不動의 평가로 자리 잡았다. 그 내용을 한마디로 얘기하자면, 그것은 혁명적 민주주의 국가론이 될 것이다. 그 중심을 이루고 있는 것은 주권론으로서의 '일반의지'론volonté général과 국가구성론으로서의 '사회계약'론이다. 루소는 국가주권의 구성요소를 국왕도 귀족도 아닌 일반인민 속에서 찾았으며, 인민의 의지야말로 최고의 결정자이며, 법도 권리도 정부도 모두 이 '일반의지'에서 도출되고 그것을 통해 심판받는다는 점을 분명히 했다. 이것이 주권의 진정한 존재방식이다. 루소의 인민에 대한 경도와 신뢰, 이것을 확인해

둘 필요가 있다.

인민은 이른바 사회 속의 '자연인'으로, 본래 자유와 평등을 추구한다. 이 인민들 각자가 상호 간에 국가 설립을 위한 계약을 맺는다. "우리들 각자는 신체와 모든 힘을 공동의 것으로 삼아 일반의지의 최고 지도하에 둔다. 그리고 우리는 각 구성원들을 전체의 불가분의 일부로서 한 덩어리로 받아들인다." 인민은 자신의 의지를 토대로 서로 계약을 맺고 국가를 구성한다. 그리고 국가를 통해 비로소 자유와 평등을 이 지상에서 실현하는 것이다. 따라서 인민은 국가를 만들어야만 비로소 자유롭게 되는 것이고, 이른바 "자유롭게 되도록 강제당한다." 백과전서파의 국가에 대한 태도가 국가로부터의 자유를 추구하는 것이었던 것과는 달리 루소는 국가를 통한(국가에 의한) 자유를 추구했다고 할 수 있다.

인민의 의지에 토대를 둔 강력한 국가권력을 구상한 루소는 그것을 통해 현실에서 무엇을 추구하려 했을까. "사회에서는 어느 한 사람의 행복이 다른 사람의 불행이 된다." "다수자는 항상 소수자에게 희생당하고, 공중(公衆. 공공)의 복리는 개인의 이익에 희생당한다." 다수자란 무엇인가. 그것은 사회 속의 자연인인 농민 대중이다. 농업은 "인간이 종사할 수 있는 직업 가운데 가장 정직한, 가장 유용한 것이며, 따라서 가장 고상한 것이다."

그러나 현실은 어떠한가. "생산기술이나 기예가 보급되고 번영함에 따라 사치를 유지하는 데 필요한 조세를 부담하면서도, 노동과 기아(飢餓) 사이를 오가면서 평생을 살아가도록 강제당하고 사람들로부터 멸시를 당하는 농민은 그 농토를 버리고 빵을 찾아 도시로 간다." 문명의 발달은 인민의 행복이 아니라 그 불행을 초래한 데 지나지 않는다. 여기서 문명과 철학자들에게 등을 돌리고 "우리의 불행한 진보를 멈춰라!"고 했던 외침이 탄생했다. 루소가 "사람들 속의 이방인"으로 고독한 길을 걸어가야 했던 것도 이와 관련이 있다.

루소는 봉건제와 왕정과 자본주의하에서 급속한 몰락을 경험했던 '농민=인민대중'의 고뇌를 정확하게 대변했다. "인간은 자유로운 존재로 태어났다. 하지만 도처에서 족쇄에 묶여 있다." 어떻게 이런 상태를 바꿀 수 있을까. 그것은 기존의 국가를 무너뜨리고 인민주권 국가를 만들어야 해결할 수 있다. 이것이 『사회계약론』의 주제라는 것은 더 말할 필요도 없다. 그러면 경제구조의 문제에서 그는 어떤 구상을 갖고 있었을까. "어떤 시민도 부富를 통해 다른 시민을 살 수 있을 만큼 부자는 아니고, 또 어떤 사람도 몸을 팔 수밖에 없을 정도로 가난하지는 않은" 상태, 즉 백만장자와 걸인의 양극단을 가능한 한 접근시켜, '중산계급'의 토대 위에 국가를 세울 필요가 있다. 그는 불평등과 압정의 원인이 된다는 이유로 상업·화폐·사치·조세 그 어느 것에도 강력하게 반대했다. 그는 농민의 자유롭고 독립적인 경영을 지켜내기 위해 반문명적, 반자본주의적인 태도를 공공연히 표명했다.

이처럼 앞에서 살펴본 케네, 디드로, 루소 세 사람은 18세기 후반기 계몽사상의 세 가지 흐름을 대표할 뿐 아니라, 사회내부에서 움직이고 있던 새로운 계급의 이해利害를 표현하고 통합한 사람들이기도 했다. 1750년대에는 이들 세 사람이 모두 『백과전서』 기고자로서 공동

A FAUT ESPERER Q'EU JEU LA FINIRA BEN TOT

봉건제를 풍자한 그림. 민중의 등에 올라탄 왕과 귀족을 비판하고 있다.

보조를 취했다. 그러나 1757년, 케네는 별도의 '학파'를 만들기 위해, 루소는 고독한 길을 걷기 위해, 모두 백과전서파와 결별했다. 그 움직임이 상징하고 있듯이 지주와 부르주아지와 소농민의 이해도 그 무렵부터 마침내 대립하기 시작한다.

케네가 보여준 지주적地主的 자유경제의 진행은 이미 루소가 지적했듯이 농민의 자유와 독립에 대한 요구와는 서로 받아들일 수 없는 것이었다. 1760년대에 시작된 '곡물거래의 자유' 정책으로 식량부족과 물가폭등이 심각해져 식량폭동이 일어났으며, '엔클로저' 정책도 농민의 완강한 저항을 불렀다. 또 디드로가 대표한 부르주아 자유주의 움직임은 지주와 소농민 양자를 통합하면서 절대왕정 및 봉건제도에 대항하는 노선을 찾아내려 했지만 그런 기회도 쉽게 찾아오지 않았다. 그러나 지금까지 살펴본 계몽사상은 제각각의 공명자共鳴者, 지지자를 획득하면서 절대왕정 사회 속에 깊숙하고 폭넓게 침투해 들어갔다. 중농주의자는 그 교의敎義를 설파한 각종 잡지들을 출간했고, 『백과전서』는 루이 15세의 애첩까지 애독했으며, 루소의 『신엘로이즈』는 당대 최대의 베스트셀러가 돼 그의 생전에 이미 12권의 루소 전집이 간행됐다. 계몽사상은 사회의 피와 살이 돼 내일의 에너지가 돼가고 있었다.

혁명 속에서 이상과 같은 여러 사상들은 열렬한 공명자들을 만들어냈다. 혁명 지도자들은 이 사상들에 이끌렸고, 이 사상들의 실현을 목표로 삼아 스스로의 행동을 규율했다. 여러 사상들 중 어느 것을 선택하느냐에 따라 지도자들의 정치적 입장이 갈리고, 그것이 계급과의 연관을 명확하게 드러냈다. 혁명 초기, 제헌의회의 정치가들은 몽테스키외와 케네의 사상으로부터 영향을 많이 받았다. 그 뒤 볼테르와 백과전서파, 그리고 루소의 영향력이 커졌고, 산악파 Montagnards 지도자들을 움직인 중심사상은 오로지 루소였다. 그리하여 '계몽'과 '혁명'은 긴밀하게 손을 잡고 전진했던 것이다.

3장 혁명의 계기

## 1. 전쟁과 개혁

혁명적 계급은 이미 존재했고, 혁명을 위한 사상도 분명히 존재했다. 사상가들은 언젠가 혁명의 폭풍이 이 나라를 덮쳐오리라는 걸 민감하게 예견하고 있었다. "우리나라는 중국처럼 정복당하든가, 어떤 커다란 내부적 전복 없이는 일신一新될 수 없습니다"라고 말한 이는 중농주의자의 일원이었던 라 리비에르(Pierre-Paul Lemercier1 de La Rivière, 1719~1801)였다. 케네도 또한 1758년 "국왕의 수입과 권력의 붕괴에 대해 비상수단을 취하지 않으면 안 된다. 오늘날 사람들은 이 붕괴—게다가 이건 무서운 일인데—를 감지하기 시작했다"고 썼다.

또 루소는 『에밀』에서 "우리는 위기를 향해 다가가고 있다. 혁명의 세기에 다가가고 있다"고 썼고, 『고백』에서는 1761년 무렵을 회상하면서 "기강의 퇴폐로 머지않아 프랑스가 붕괴할 것 같다는 생각을 나는 하고 있었다"고 술회했다. 그러나 언제 어떤 계기로, 어떤 형태로 혁명이 일어날 것인가. 그것을 예견할 수 있었던 이는 아무도 없었다. 그리고 현실의 혁명은 누구에게나 의외였던 경로를 거쳐 일어났다.

혁명으로 가는 길은, 혁명적 계급이 서서히 정권에 다가가다 마지막으로 익은 감이 떨어지듯 자연스레 정권을 손에 넣게 되는 것도 아니고, 또한 오랜 자복(雌伏, 장래를 기약하며 굴종을 참고 때를 기다림— 옮긴이) 끝에 일거에 권력을 무너뜨리는 것도 아니다. 역사는 좀 더 역설적인 방식으로 나아가기도 한다. 즉 혁명을 막기 위한 수단이 거꾸로 혁명을 촉진하며, 혁명과는 가장 인연이 없는, 종종 그와는 정반대 편에 있던 사건이 실은 혁명을 준비하기도 한다. 또 혁명이 일어나면 타도될 수밖에 없는 자가 오히려 혁명에 불을 붙이는 일도 일어난다. 혁명적 계급이 그런 계기를 제대로 포착해서 그것을 대중적 규모의 싸움으로 발전시킬 수 있을 때 비로소 혁명은 그 자체의 궤도에 올라타게 된다.

구체적으로 얘기해보자. 가장 많이 알려져 있는 것은 전쟁과 혁명의 관계다. 전쟁과 혁명은 별개의 것일 뿐 아니라 대립물이다. 혁명이 국가 내부의 계급지배를 교체하는 것이라면, 전쟁은 일단 국가 간의 싸움이라고 해도 좋다. 전쟁은 혁명을 부정하고, 혁명 또한 전쟁을 부정하는 성격을 갖고 있다. 그러나 그럼에도 역사 속의 현실에서는 이 둘이 연속된 사건으로 나타나는 경우가 많다. 즉 전쟁이 혁명을 부르고 또 혁명이 전쟁을 부르는 관계다. 1차 세계대전과 러시아 혁명, 그리고 이어지는 간섭전쟁이 그 사례다.

절대왕정 시대는 끝없는 전쟁의 연속이었다. 오히려 끝없는 전쟁이야말로 절대왕정이라는 국가를 떠받치는 도구였다. 전쟁을 통한 영토와 제해권의 확대, 항해·무역·식민지 산물의 증대라는 목표는 귀족도 상인도 동시에 만족시키고, 군주의 영광을 민중의 의식 속에 뿌리박게 만드는 데 적합한 도구였다. 18세기의 프랑스도 예외가 아니어서, 스페인 계승전쟁(1701~1713), 스페인 전쟁

(1718~1720), 폴란드 계승전쟁(1733~1735), 오스트리아 계승전쟁(1740~1748), 7년전쟁(1756~1763), 미국 독립전쟁(1778~1783) 참가 등 일일이 거론하기에 숨이 찰 지경이다.

이런 전쟁들에서 프랑스 최대의 적수는 영국이었다. 오스트리아 계승전쟁의 결과인 아헨 강화講和조약(Treaty of Aachen, 1748)은 프랑스에 아무런 이득도 안겨주지 않았고, 단지 "강화처럼 어리석다"는 유행어만 남겼다. 프랑스의 위기는 프랑스 역사상 가장 비참한 조약으로 일컬어진 파리조약(1763)으로 한층 더 결정적인 국면을 맞았다. 프랑스는 7년전쟁의 결과 캐나다, 미시시피 동쪽(以東)의 아메리카 식민지, 인도, 세네갈 등을 잃었고, 그 대신 영국은 최대최강의 식민지 제국으로 패권을 장악했다. 계몽사상가들이 한결같이 혁명의 위기를 예감한 것은 바로 그 시기였다. 왕권에 대한 신뢰는 흔들렸고 전쟁비용 부담은 늘어 무거운 세금이 국민을 눌렀다. 패전이 혁명으로 전화할 기미가 농후해졌다.

그러나 아직 혁명은 오지 않았다. 정치위기를 타개하기 위해 왕권이 시도한 새로운 방책은 위에서부터 낡은 제도를 개혁해나가는 것이었다. 왕권은 절대왕정이 지닌 초계급성(그러나 그것은 외견상의 부분적인 것에 지나지 않았지만)을 이용해 계몽사상가들과 그 동조자들을 정부 안으로 끌어들여 일반민중의 불만을 완화하려 했다. 즉 관료들을 통해 귀족, 특히 그 이익집단체인 고등법원에 공격을 가해 그 면세특권을 몰수하고 세금 징수를 늘리며, 동시에 부르주아 및 일반민중의 인기를 만회하려고 노력했다. 1763년 이후 중농주의자의 주장이 받아들여져 '곡물거래의 자유'와 '엔클로저의 자유'가 공인된 것은 앞에서도 얘기했지만, 일반민중의 불만을 완화하려는 시도 중 가장 눈에 띄는 사례는 1774년에 중농주의의 계승자이며 백과전서파의 일원이었던 튀르고가 주지사에서 재정총감으로 발탁, 임명된 것이다.

튀르고는 취임과 동시에 과감한 개혁에 착수했다. 그는 곡물의 수출과는 별도로 곡물거래에 부과되던 모든 장애물, 영주와 국가의 통제를 철폐하고(1774), 1776년 3월에는 유명한 '6개조 칙령'을 제의했다. 이것은 농민에게 무상노동을 강요하는 도로공사 부역을 금지하고, 파리 곡물거래 단속 관청과 시장·유통에 관한 관청을 폐지하며, 동업조합과 도제제도를 폐지하고, 직업과 노동의 자유를 선언한 획기적인 내용이었다. 당시 혁명적 부르주아지가 요구했던 독점·특권·통제의 폐지, 통상의 자유, 영업의 자유는 모두 이 제안 속에 들어 있었다. 튀르고의 이 제안은 궁정귀족·고등법원·특권상인을 상대로 하는 단호한 싸움이었는데, 그는 국왕이 임석한 친림법정親臨法廷 논전에서 열심히 싸워 왕의 재가를 받아냈다.

만일 튀르고의 개혁이 실효를 거두었다면 프랑스 혁명은 그 경로가 바뀌었을지도 모른다. 그러나 구세력의 저항은 뿌리 깊었다. 튀르고는 경제개혁을 하기 위해서는 먼저 정치개혁이 선행돼야 한다는 것, 정치개혁은 장관大臣 한 사람의 힘이 아니라 계급의 조직적인 힘으로 장애물 돌파를 강행해야 한다는 것을 몰랐다. 그는 협력자로 나중의 혁명기 때 활약하게 될 뒤퐁 드 느무르, 콩도르세(Nicolas de Condorcet, 1743~1794) 등을 거느리고 있었으나 왕비 마리 앙투아네트(Marie Antoinette d'Autriche, 1755~1793)를 중심으로 한 구세력과 고

등법원의 책동으로 그해 5
월 결국 실각할 수밖에 없
었다. 부르주아 세력은 아
직 튀르고를 도와 귀족·궁
정세력을 무너뜨릴 만한 조
건을 만들어내지 못했다.

자크 네케르.

　절대왕정은 이처럼 튀
르고를 앞세워 귀족과 부르
주아를 서로 싸우게 만들
었고, 정세가 나빠지자 은
행가 출신의 제네바 사람 자크 네케르를 등용해 일단 사태를 수습했
다. 하지만 그 시기 이후 10년간 더 새로운 조건이 추가됐다. 그것은
혁명세력이 애국주의 또는 내셔널리즘과 결합할 수 있게 됐다는 것
이다. 계몽사상은 루소를 빼고는 모두 국제협조주의 또는 인류보편
의 입장을 취했다. 프랑스의 당면한 적수였던 영국에 대해 볼테르,
몽테스키외, 케네, 디드로는 모두 그 정체政體와 산업과 풍습을 찬미
하고 프랑스를 영국의 상태 쪽으로 이끌어가는 것을 이상으로 삼았
다. 이 점은 계몽사상이 일반민중의 감정과 양립할 수 없는 요소였다.
계몽사상가는 코스모폴리탄이었으나 일반민중은 여전히 왕권하에
서 외국에 대한 대항의식을 갖고 있었다.

　미국 독립전쟁에 프랑스 의용군이 참가한 것은 전 인류의 자
유와 평등을 위한 싸움이 공상이 아니라는 것을 가르쳐주는 것이었
지만, 동시에 그것은 프랑스인이 영국에 보복하고 싶은 감정을 만

족시켜준 것이었다. 미국의 독립영웅 프랭클린(Benjamin Franklin, 1706~1790)이 대환영을 받고, 라파예트(Marie-Joseph Paul-Roch-Yves-Gilbert du Motier, Marquis de La Fayette, 1757~1834), 라메트Lameth 형제 등 아메리카에서 역전의 용사가 된 귀족들이 명성을 날린 것도 이 시기의 일이다. 그리고 중요한 것은 1786년, 자유무역의 색채를 띤 '영국-프랑스 통상조약'이 중농주의자 뒤퐁 등의 활약으로 체결된 것이다. 이는 영국의 공업제품과 프랑스의 곡물·포도주 등을 연결시킨 것인데, 이로 인해 루앙의 면직물을 비롯한 프랑스의 산업은 경쟁에서 패배해 쇠퇴할 수밖에 없는 결과로 이어졌다. 이것은 산업가들 사이에 산업보호를 요구하는 목청을 높이게 만들었고, 노동자들로 하여금 불황을 이 조약 탓으로 돌리게 했다. 하지만 이런 경제적 영향보다 더 중요한 것은 이 조약이 지닌 정치적 효과였다. 즉 이 조약으로 왕권이 반드시 국민의 이익을 대표하진 않는다는 생각이 널리 퍼지기 시작했던 것이다. 혁명적 부르주아지는 대지주와 상인 일부를 제외하고 애국주의라는 대의명분을 획득했으며, 그것을 통해 여론을 결집할 기회를 포착하게 된다.

마지막으로, 가장 중대한 것이 있는데, 일반민중의 동향이다. 주목해야 할 것은 왕권체제하에서 위로부터 부르주아적 개혁이 진행됨에 따라 민중의 저항이 커진 점이다. 화폐와 상품유통이 발전함에 따라 수공업자와 농민 일부가 적응불능 상태에 빠지고 몰락해 부랑자와 도시빈민이 된 사실은 이미 얘기했다. 여기서의 문제는 그런 일반적인 현상이 아니라 예컨대 곡물거래의 자유로 말미암아 독점업자들이 횡행하고 흉작과 그로 인한 식량폭동이 빈발했다는 것이

짧게 쓴 프랑스 혁명사

다. 매점매석에 따른 물가폭등을 견딜 수 없어 파리와 리옹 등의 노동자들이 파업과 파괴행위에 나선 것, 영주와 대지주의 '엔클로저=토지몰수'가 인정됨에 따라 농민 폭동이나 법정투쟁이 각지에서 되풀이된 것 등이다.

이들은 모두 봉건제와 절대왕정의 문제가 기본적으로 해결되지 않은 상태에서 자본주의의 도입·발전이 시도될 경우 체제모순이 밀려와 생산자 대중의 어깨를 짓누를 수밖에 없다는 사실을 보여준다. 봉건제와 자본주의라는 이중의 압박이 농민과 도시 하층민들로 하여금 들고 일어설 수밖에 없도록 만들었다. 역설적이게도 급격한 혁명을 피하기 위해 절대왕정을 점진적으로 개혁하려던 계몽가적인 운동 자체가 민중의 혁명적 에너지를 불러내 혁명의 예행연습 같은 것을 몇 번이고 할 수 있게 해주었다.

튀르고의 곡물거래 자유화정책이 실시된 그다음 해(1775년)에는 흉작으로 식량폭동이 일어나 민중이 베르사유 궁전으로 몰려갔다('밀가루 전쟁'이라 불린다). 또 농촌에서도, 예컨대 북부 프랑스의 에노Hainaut에서는 1771년 경작지를 목장으로 전환할 수 있게 하는 엔클로저 법령이 나오자 농민들이 국왕에게 청원운동을 벌이는 한편 엔클로저를 하기 위해 세운 울타리를 부수고 과일나무를 뽑아버리며 가축이나 파수꾼에게 발포하는 등 격렬하게 저항하는 사건이 벌어졌다. 운명의 해인 1789년엔 처음부터 각지에서 격렬한 식량폭동의 파도가 일고 있었던 사실을 기억해둘 필요가 있다.

또 한 가지 덧붙여두고 싶은 것은, 민중 특히 하층민의 운명에 대해 계몽사상가나 개혁론자들은 그다지 동정적이지 않았다는 사실이다. 중농주의자들은 그들의 원리가 실행에 옮겨진다면 농업은 번영하고 빈민들은 노동자로 흡수될 것이라는 낙관주의를 감추지 않았고, 또한 디드로조차 "인민은 인간 중에서 가장 어리석고 유해한 존재"라는 말을 남겼다. 계몽주의자들은 농민이 아니라 농업에서, 노동보다 오히려 과학과 기술에서 문제를 풀 열쇠를 찾았던 것이다. 그런 가운데 오직 루소만이 약자들에게 무한한 동정을 느끼고 인민과 그들의 권리를 신뢰─'인민의 소리는 신의 소리'─한다고 표명했다. 루소야말로 단 한 사람의 혁명 고취자라는 설이 혁명기에 압도적으로 퍼진 사정은 나중에 살펴보게 될 것이다.


## 2. 귀족의 저항


혁명의 계기가 된 결정적인 사건은 1787년에 시작된 '귀족의 저항'이었다. '귀족혁명'으로도 불리는 이 저항은 실로 프랑스 혁명의 첫 페이지를 연 것이었다. 여기에서도 놀랄 만한 역설을 발견할 수 있다. 왜냐하면 귀족은 성직자와 함께 혁명이 일어나면 타도당할 수밖에 없는 계급임에도 불구하고 바로 그 귀족이 혁명의 예행연습을 시작했기 때문이다.

귀족이 왕권에 공공연히 저항을 기도한 것은 지배계급 내부의 심각한 모순을 드러낸 것이다. 나중에 레닌(Vladimir Lenin,

1870~1924)은 혁명이 일어나려면 혁명적 계급이 존재하는 것만으로는 충분하지 않고 지배계급이 분열해서 정치적 위기가 만인들 눈앞에 드러날 필요가 있다고 말했는데, 바로 그것이 프랑스에서는 귀족의 저항으로 드러났다. 그러면 그 위기는 어떻게 발생한 것일까.

절대왕정을 괴롭혔던 재정난은 좀체 해소되지 못했고 결국 그것이 결정적인 요인이 됐다. 재정이라는 정치와 경제의 접점에 최대의 난관이 조성됐다. 만일 왕권의 재정요구를 들어주려면 경제를 심하게 압박할 수밖에 없고, 경제성장을 꾀하려면 정치를 근본적으로 바꾸지 않으면 안 된다. 후자의 길이 현실적인 것이었다.

튀르고의 뒤를 이은 네케르는 미국 독립전쟁에 관여해 20억 리브르livre를 썼고 그것을 충당하려고 공채를 발행했는데, 1783년에 재정총감이 된 칼론(Charles Alexandre de Calonne, 1734~1802)도 이 정책을 이어받았다. 1788년의 재정보고에서는 국가지출이 6억 2900만 리브르, 수입은 5억 300만 리브르로, 지출의 20%가 적자였다. 1789년에는 차입금이 45억 리브르로, 그 빚 변제에만 3억 리브르(세입의 60%) 이상을 써야 할 형편이었다.

칼론이 계획했던 개혁은 염(소금)세·담배세의 세율을 통일하고 부동산세를 고쳐서 성직자와 귀족을 불문하고 모든 토지소유자들에게 '지조(地租, 토지에 부과하는 세금)'를 부과하는 것이었다. 특권신분은 여전히 타이유(taille, 봉건시대와 앙시앵레짐 시기의 프랑스의 직접세. 국왕의 주요 재정수입원이었다—옮긴이)와 기타 세금들을 면제받고 있었으므로 이 개혁은 상당히 미온적인 것이었다. 그는 전임자들이 고등법원의 반대로 고배를 마신 사실을 알고 있었기 때문에 자신이 선택한 명사들, 가톨릭 주교·대영주·고등법원의 유력자·지사 등으로 구성된 '명사회名士會'를 소집해 그들의 승인을 얻은 뒤에 고등법원을 압박하는 방법을 썼다. 그러나 '명사회'는 칼론의 제안을 거부했고, 그것을 본 루이 16세(Louis XVI, 1754~1793)는 그를 즉각 해임했다.

그리고 칼론의 적수였던 브리엔(Étienne-Charles de Loménie de Brienne, 1727~1794)이 그 자리에 앉았다. 그는 '명사회'에 양보를 했으나 역시 지조 부과 요구를 철회하지 않았기 때문에 '명사회'의 저항을 불렀다(1787년 5월). 파리 고등법원은 지조 제정을 위해서는 삼부회, 즉 1614년 이후 소집된 적이 없는 귀족·성직자·평민으로 구성된 자문회의를 소집해야 한다고 주장했다. 8월에 친림법정이 열리고 브리엔 안의 승인 명령이 떨어졌으나 고등법원은 무효를 선언했으며, 결국 브리엔의 굴복으로 끝났다.

그러자 그는 공채公債 발행으로 돌파구를 찾으려 했는데, 그것도 고등법원의 승인이 필요했기 때문에 똑같은 대립국면이 이어졌다. 11월 친림법정에서는 오를레앙 공(duc d'Orléans, 1747~1793)이 왕명에 반항했기 때문에 왕은 그와 의원 두 사람에게 추방명령을 내렸다. 고등법원은 이에 항의했고 다음 해인 1788년 5월에는 탄압에 대비해 왕국 기본법에 관한 선언을 발표했다. 그 선언은 '왕정은 세습이다, 조세 결정권은 삼부회에 속한다, 프랑스인들을 마음대로 체포·투옥해선 안 된다, 재판관은 독립적인 존재다, 지방의 관습이나 특권을 파괴해선 안 된다'는 등의 내용을 강력하게 주장했다. 특권 신분은 그렇게 해서 혁명의 길로 나섰던 것이다.

왕권은 강경책을 취해 반대파 의원 두 사람을 체포했으며,

1788년 5월 8일 국새상國璽相 라무아뇽이 마련한 사법개혁안을 강제로 통과시키라고 명했다. 그 안은 법복귀족의 사법권을 박탈하기 위해 칙령으로 부여한 권한을 왕족과 궁정관리로 구성된 전원법정全員法廷으로 이전하고, 왕실재판소의 권한을 확대함으로써 영주재판권領主裁判權에 타격을 가했다. 그밖에 사전신문事前訊問 금지, 재판관구裁判管區 변경 등의 규정이 있었으나 핵심은 고등법원을 유명무실하게 만드는 것이었다.

라무아뇽의 개혁은 더 큰 저항을 불러 대립을 격화시킬 뿐이었다. 지방의 고등법원이나 하급재판소 대부분이 반대하고 나섰고, 성직자들도 집회를 열어 개혁을 비난했다. 파리, 디종Dijon, 툴루즈Toulouse에서 폭동이 일어나기 시작했고, 그것은 그르노블Grenoble에서 최고조에 달했다.

리옹 동남쪽, 이탈리아와 프랑스의 국경에 가까운 도피네Dauphine 주는 공업화가 가장 앞선 주의 하나였다. 그 수도 그르노블의 고등법원도 라무아뇽 개혁을 거부했기 때문에 5월 10일, 무력에 의한 강제입법이 포고되고 고등법원은 정회(해산)됐다. 왕의 군대 사령관 클레르몽 토네르(comte de Clermont-Tonnerre, 1757~1792)는 의원들을 법정에서 몰아내기 위해 군대를 출동시켰다. 6월 8일의 일이다. 그르노블 시민들은 이에 분개해 성문을 닫았고, 근처에서 모여든 농민들도 도끼와 곡괭이로 무장하고 군대와 대치했다. 군대가 출동하자 민중은 집 지붕에 올라가 닥치는 대로 돌과 기왓장을 군대를 향해 던졌다. 그 기세에 눌린 군대는 어쩔 수 없이 퇴각했다. 이것이 '지붕 기왓장의 날' 싸움이다.

앙투안 바르나브.

이것뿐이었다면 그것은 '기족혁명'의 성공을 의미했겠지만 그르노블에서 사태는 더욱 중대한 국면으로 발전했다. 그곳에서는 부르주아지가 확실히 기반을 다져놓았고, 그 기반 위에서 모직물업자의 아들 무니에(Jean-Joseph Mounier, 1758~1806), 일류 변호사의 아들 바르나브 등의 젊은 정치가들이 자라났다. 그들은 모두 몽테스키외의 이론을 배워 제한왕정(제한군주제)의 실현을 지향했다. 무니에, 바르나브는 '지붕 기왓장의 날' 싸움에서 귀족들을 지지해서 삼부회를 쟁취한다는 전술을 내세워 성공했다. 그들은 이렇게 생각했다. '고등법원이 특권신분의 보루라는 건 명백하다. 그러나 지금 이 순간에는 부르주아 즉 제3신분은 고등법원을 지지해야 한다. 왜냐하면 고등법원이 삼부회의 소집을 요구하고 있기 때문이다. 우리가 삼부회에 들어갈 수 있다면 그다음에 고등법원을 유명무실하게 만드는 것은 어렵지 않다. 만일 왕권의 고등법원 탄압을 우리가 그냥 바라보고만 있다면 다음에는 우리 자신이 탄압당하게 될 것이다.' 이 것은 탁월한 정세분석이요 전술이었다.

'지붕 기왓장의 날' 싸움 뒤 그들은 세 신분으로 구성된 명사회를 비합법 상태에서 열었고, 7월 21에는 도피네 주의 삼부회를 대공업가의 성채에서 개최했다. 이 회의에서는 제3신분의 대표자 수를 다른 신분의 2배로 한다는 것, 의사결정은 신분이 아니라 개인들에 의해(개인들의 의사에 따라) 내려져야 한다는 원칙이 정해졌다. 그리고 이 도피네 집회는 전국 각지를 향해 다른 주들도 이를 따라 배우도록 촉구했고, 삼부회가 소집되지 않는 한 세금을 지불하지 않겠다고 맹세했다. 이런 내용을 담은 회람이 무니에의 이름으로 발송돼 큰 반향을 불러일으켰다. 이것이 '최초의 프랑스 혁명'이라 불리는 데에는 그만한 이유가 있는 것이다.

브리엔은 귀족의 저항 앞에 굴복했다. 7월에 그는 삼부회 소집을 약속했고, 8월 8일에는 1789년 5월 1일을 삼부회 소집일로 확정했다. 왕은 브리엔 대신 네케르를 다시 불러들였고, 네케르는 라무아뇽 개혁을 철회하고 고등법원을 재건했다. 예정된 삼부회는 제3신분 대표자 수를 2배로 한다는 것은 승인받았으나, 의사결정은 각 신분별로 따로 집회를 열어 각각의 부가 한 표를 행사하는 1614년 방식에 따를 것으로 예상됐다. 그렇게 되면 제3신분의 목표는 실패로 끝날 수밖에 없다. 각 부가 한 표씩을 행사한다면 특권신분 2표에 제3신분은 1표이니 의결에서 질 수밖에 없다는 것을 그들은 알고 있었다. 무니에, 바르나브의 싸움은 이제 다시 한번 전국적인 집회—삼부회—를 무대로 재연되지 않으면 안 되었다.

# 4장 왕과 의회와 민중
(1789~1791)

## 1. 삼부회

왕권을 제외한 다른 모든 계층은 삼부회<sup>États généraux</sup> 소집에서 자신들의 승리를 꿈꿨다. 삼부회의 선거를 앞두고 발표된 국왕의 포고는 "짐은 왕국이 이 고을 저 고을의 이름도 없는 주민들에 이르기까지 각자의 바람과 요구를 짐에게 상신할 수 있기를 바라노라"고 했다. 이것이 그대로 받아들여져 활발한 집회와 선전전이 시작됐다.

1789년 초에 나온 익명의 팸플릿《제3신분이란 무엇인가》는 큰 반향을 불러일으켰다. 그 저자는 아베 시에예스(Abbe Sieyès 또는 Emmanuel Joseph Sieyès, 1748~1836)로, 로크와 콩디약을 남몰래 공부한 주교主教 대리였다. 이 문서는 특권신분, 특히 귀족에 대한 고발서였다. "제3신분이란 무엇인가. 모든 것이다. 그것은 오늘날까지 어떤 정치적 지위를 갖고 있었던가. 아무 지위도 없다. 특권계급이 없다면 제3신분은 무엇이 될 것인가? 모든 것이 될 것이다." 이 세 가지 명제를 해명하기 위해 시에예스는 특권신분은 전혀 쓸모없는 존재라는 것, 제3신분이야말로 국민의 모든 것이라는 점을 역설했다. 이것은 특권신분에 대한 부르주아지의 투쟁선언이었다.

부르주아 세력의 중추부에는 자유주의 귀족과 상층 부르주아가 연합한 '30인회'가 있었다. 그 회원으로는 귀족 중에서는 라 로

슈푸코 리앙쿠르(La Rochefoucauld-Liancourt, 1747~1827), 라파예트, 뒤포르(Adrien Jean-Francois Duport, 1759~1798), 미라보, 콩도르세, 성직자로는 시에예스, 탈레랑(Charles-Maurice de Talleyrand-Périgor, 1754~1838), 학자로는 뒤퐁, 법률가로는 뢰데르(Pierre Louis Roederer, 1754~1835) 등이 있었다. 그들은 루이 16세의 사촌동생인 오를레앙 공과도 연락하면서 라파예트와 뒤포르의 사저에서 모임을 갖고 선거전에 대비했다.

선거방법은 귀족·성직자의 대표는 신분회의 석상에서 직접 지명하는 방식이었고, 제3신분은 25살 이상으로 과세(세금)명부에 등록돼 있는 자가 선출됐다. 도시에서는 동업조합 집회나 지구집회에서 상급 집회로 대의원(100명에 2명)을 선발하고, 도시단위 집회에서 다시 그 상급 집회 대의원을 선발해 재판구裁判區 단위의 집회가 조직됐다. 이 마지막 집회가 삼부회 대표를 선출했다. 농촌에서는 작은 교구 집회에서 재판구 집회에 보낼 대의원을 100명에 1명꼴로 선출했다. 각 집회 때마다 진정서가 작성됐는데, 그 수는 6만에 이르렀다. 그러나 그것을 읽을 수 없는 이들도 많았기 때문에 제3신분의 진정서에는 구체적인 일상의 요구보다는 오히려 계몽사상의 영향을 받은 동일한 형태의 추상적인 문구가 많다는 지적을 받았다. 도시 소시민이나 농민들의 소리를 법률가나 부르주아층이 대변해주었던 것이다.

삼부회를 앞두고 제3신분에게 가장 중요했던 것은 제3신분 대표자 수를 두 배로 늘리고 표결할 때 신분별로 투표하는 것이 아니라 머릿수로 하는 것이었다. 신분별로 투표하면 성직자와 귀족계급이 각각 1표씩 갖고 있어 특권계급의 2표 대 제3신분의 1표의 대결이 될 것이므로 패배할 것이 뻔했기 때문이다. 그래서 제3신분의 대표자 수를 두 배로 늘려 표결하기로 했다. 제3신분은 머릿수 표결이 이루어질 경우 자유주의적인 귀족과 평민 출신의 교구신부들을 자기

콩도르세.

편으로 끌어들일 수 있다고 생각했다.

선출된 의원은 약 1200명, 그 절반은 성직자와 귀족이라는 특권신분이 차지했다. "약 20만 명의 특권신분(실제는 더 많았다)과 2500만 내지 2600만 명의 제3신분"을 대표하는 의원이 같은 수라는 것은 "예외가 법칙에 대드는 것"과 같다고 시에예스는 분개했다. 그래도 제1신분인 성직자 300명 중 200명 이상이 가톨릭 사제들이었는데, 그들은 주교들의 횡포에 비판적이었으며 태생적으로 보나 생활감각으로 보나 제3신분과 연결돼 있었다. 귀족의원 270명 중에는 특히 대영주들로 이뤄진 자유주의 귀족들이 약 90명 있었는데, 그들은 고루한 시골귀족들과는 구별됐다. 옛 러시아 대귀족들 가운데서 인도주의자나 데카브리스트(dekabrist. '러시아 제정帝政=차르 체제'를 무너뜨리기 위해 1825년 12월 반란을 일으킨 러시아의 청년 장교들 일파. 12월 당(원). 이후 러시아 역사 특히 혁명 역사에 중대한 영향을 끼쳤다. 'dekabri'

는 러시아어로 12월이라는 뜻—옮긴이)가 나온 것처럼 라 로슈푸코나 라파예트는 숭농주의의 영향을 받아 근대적 농기업가를 꿈꾸었던 이들이다.

제3신분 600명 가운데 약 반수는 법률가였으며, 그들 중에서도 변호사가 많았다. 무니에, 바르나브, 로베스피에르, 르 샤플리에(Isaac René Guy Le Chapelier, 1754~1794), 메를랭 티옹빌(Merlin de Thionville, 1762~1833) 등 나중에 유력한 지도자가 된 사람들 다수는 이들 변호사 그룹 중에 있었다. 부르주아 혁명은 동시에 '법률 혁명'으로, 법치국가 건설이 과제의 하나였음을 알 수 있다. 또 특권신분이면서 제3신분으로 선출된 이들로는 귀족인 미라보, 성직자인 시에예스 등이 있었다.

삼부회의 공식 소집자요, 모든 의원들이 주시한 루이 16세는 그때 35살이었다. "이 품위 없는 비대한 몸의 소유자는 언제나 향연과 사냥을 좋아하고, 또는 자물쇠 장인인 가맹이라는 남자의 작업장을 좋아했을 뿐(자물쇠를 수리하는 일이 그의 가장 큰 취미였다) 머리를 쓰는 일에는 금방 지쳐버렸다. 추밀회의에서는 졸며 앉아 있었다"고 했다(마티에). '좀 더 왕다운 왕이 있다면 얼마나 좋을까' 하는 것이 민중의 바람이었다. 하지만 긴 절대왕정의 역사에서 스스로의 의지를 금지당한 채 명령하는 것만을 주입받은 인간에겐 그럴 여지가 전혀 없었다. "타인에게 명령하기 위해 훈육된 인간은 정의와 이성을 모조리 박탈당해버리고 만다"(루소). 인간은 노예를 부리면서 자기 자신을 노예—의지 없는 인간—로 만들어버린다. 이것이야말로 세습왕정의 비극적인 결말이었다.

삼부회 회의장 모습(모네의 그림을 에르망이 판화로 다시 만듦).

왕비 마리 앙투아네트는 오스트리아의 여제 마리아 테레지아 (Maria Theresia, 1717~1780)의 딸이요, 황제 레오폴트(Peter Leopold Joseph Anton Joachim Pius Gotthard, 1747~1792)의 누이였다. 그녀는 미인이었는데 낭비벽이 심했고, 게다가 오스트리아 출신이었기에 국민의 평판이 좋지 않았다. 성격은 억척스러워 앞뒤 생각 없이 정치에 개입해 줏대 없는 국왕을 마음대로 조종했다. 당연히 사상은 반동적이어서 진보에 대해서는 아무런 관념도 갖고 있지 않았다.

삼부회는 1789년 5월 5일, 파리 근교의 베르사유 궁전에서 시작됐다. 왕의 짧은 연설이 끝난 뒤 재정총감 네케르의 3시간에 걸친 연설이 있었다. 그의 장황한 연설은 의원들을 애태우게 만들었을 뿐

정치개혁에 대해서는 아무런 언급도 없이 재정문제에 대해 자세한 수치를 늘어놓는 데 그쳤다. 다음 날부터 특권신분은 각기 따로 모여 회의를 시작할 준비에 착수했다. 제3신분은 별도의 부회를 구성하는 것을 거부했다. 각 신분들 간에 교섭이 시작됐다. 하지만 1개월이 지나도록 사태는 아무 진척이 없었다.

"제3신분은 모든 것이다"라고 쓴 시에예스는 6월 10일, 특권신분들 간의 "끈을 잘라버릴 때가 왔다"면서 성직자와 귀족 부회에 대해 "우리는 바로 공동의 자격심사를 시작한다. 결석자는 기권으로 간주한다"는 것을 통고하자고 제안했다. 그때까지 망설이고 있던 제3신분은 그것을 계기로 가까스로 자신감을 되찾아 그 제안을 가결하고 전진을 시작했다. 시에예스는 그리하여 프랑스 혁명의 막을 열어젖혔다. 나중에 살펴보겠지만, 그러나 그는 혁명의 막을 닫기 위해 다시 한번 호출당하게 된다.

6월 12일부터 모든 의원들에 대한 점호(點呼, 한 사람씩 이름을 불러 인원을 확인하는 것—옮긴이)가 시작됐는데, 다음 날에는 사제 3명이 점호에 응했고 그 뒤 며칠간 사제 16명이 추가로 응했다. 6월 17일, 제3신분 쪽에 가담한 의원들이 압도적 다수가 되자 자신들의 모임을 스스로 '국민의회assemblée nationale'라 부르기로 하고, 삼부회라는 이름을 내버렸다. 동시에 의회가 조세 심의권을 가진다는 것을 가결함으로써 이때부터 절대왕정에 공공연히 반항하기 시작했다. 이틀 뒤에는 성직자 신분이 격론 끝에 149표 대 137표라는 근소한 차로 제3신분과 합류하기로 결정했다.

왕은 성직자와 제3신분의 결합을 저지하기 위해, 수리한다는

이유로 제3신분의 회의장 폐쇄를 명했고(이 무슨 속 들여다보이는 잔꾀인가), 동시에 왕이 직접 참석親臨하는 삼부회를 소집하도록 했다. 6월 20일, 입장을 저지당한 제3신분은 정신(廷臣, 궁정의 신하)들의 오락실이었던 구희장球戱場, jeu de paume에 모여 무니에의 제안을 토대로 유명한 '구희장의 선서(맹세)'를 했다.

"헌법이 제정돼 견고한 기초 위에 확립될 때까지는 결코 해산하지 않을 것이며, 주변 상황에 따라 어떤 장소에서라도 집회를 연다"고 했다.

그 이틀 뒤에는 다수의 성직자와 도피네 주의 귀족 두 사람이 합류한 회의가 생루이Saint-Louis 성당에서 열렸다. 제3신분의 통렬한 반격이었다.

6월 26일 자신이 직접 참석한 회의에서 왕은 '3개의 신분 구별을 유지할 것, 각 신분은 각기 다른 별실에서 회의를 할 것'을 명했다. 조세에 대해서는 각 신분이 평등하게 부담한다는 데는 동의했으나 모든 (왕의) 재산은 절대로 유지돼야 한다며, "10분의 1세(십일조), 공조貢租, 지대地代, 봉건적·영주적 부담"도 유지돼야 한다는 점을 명시했다. 왕은 그때까지 휘둘러온 계급조정階級調停을 통한 절대성 유지라는 정책을 또다시 끄집어낸 것이다. 봉건제를 보존하면서 동시에 부르주아의 머리를 쓰다듬어주겠다는 그 방안을 두고 그는 말했다. "이토록 멋진 방안을 실천하겠다는 짐을 만일 여러분이 저버린다면, 짐은 단독으로 신민臣民의 행복을 도모하겠노라……. 여러분은 신속히 서로 분리해서 내일 아침부터 각기 신분에 맞춘 방으로 가서 심의를 재개할 것을 명하노라." 이 회의가 끝난 뒤 제3신분은 퇴장하지 않았다. 왕의 사자가 와서 거듭 왕의 명령을 전달했다. 의장 바이이(Jean-Sylvain Bailly, 1736~1793)는 "국민의회는 지도를 받지 않겠다"고 대답했고, 미라보는 "우리는 총검의 힘으로 몰아내지 않는 한 이곳을 떠나지 않겠다"고 외쳤다.

6월 24일에는 다수의 성직자와 귀족 47명이 합류해 사태는 이미 결정적인 국면을 맞고 있었다. 국왕은 전원이 국민의회에 합류하는 것을 승인할 수밖에 없었다(6월 27일).

프랑스 혁명에 큰 영향을 끼친 사상가들. 왼쪽 위부터 시계 방향으로 몽테스키외, 볼테르, 루소, 디드로.

루이 16세 (앙투안-프랑수아 칼레 그림).

마리 앙투아네트 (엘리자베스 비제 르 브룅 그림).

프랑스 혁명의 주역들. 왼쪽 맨 위부터 시계 방향으로 로베스피에르, 마라, 당통, 브리소, 생쥐스트, 시에예스.

## 2. 민중의 투쟁

그때까지는 말하자면 정치의 정점에서 진행된 싸움이었다. 그러나 6
월 26일, 왕이 협박을 하려고 외국인 군대 2만 명을 소집한 이후 새
로운 요소가 싸움에 가세했다. 그것은 민중의 참가였다. 파리의 선거
인 400명이 신속하게도 6월 25일에 자발적으로 집회를 열고 군대에
대한 대처와 의회 청원을 시작했는데, 이에 대한 국왕의 회답은 민
중에게 인기가 있었던 네케르를 파면하는 것(7월 11일)이었다. 거래
소는 이에 항의해 자발적으로 문을 닫았고, 부르주아는 부르주아지
를 위한 민병대 결성에 착수했다. 충돌은 피할 수 없게 됐다.

소요가 이어지고 거리에는 바리케이드가 쳐졌으며, 민중은 무
기상에 몰려가 무기를 약탈했다. 7월 14일 아침, 군중은 앵발리드
(invalide, 상이군인회관. 루이 14세가 상이군인들을 국가비용으로 수용하고
참전용사들이 노년을 보낼 수 있도록 세운 건물로, 1896년 이후엔 군사박물
관과 군인묘지로 사용되고 있다—옮긴이)에서 소총 3만 2000정을 빼앗
은 뒤 더 많은 무기를 확보하려고 바스티유Bastille 감옥으로 몰려갔다.
높이 30m의 성벽과 폭 25m의 호(濠, 수로, 해자)로 둘러싸인 이 요새
는 왕정에 반대하는 정치범을 수용하는 전제주의의 상징이었다. 이
런 감옥이 전국에 30곳 정도 있었고, 당시 국민들은 재판도 받지 않
고 언제 거기에 갇힐지 알 수 없었다.

바스티유는 부상병 80명과 스위스인 부대 30명이 경비하고 있
었는데, 파리 변두리 마을 생탕투안Saint-Antoine의 장인들 중심의 민중

바스티유 공방전.

이 제3신분 쪽에 가담해 프랑스 위병 2지대支隊와 부르주아 민병의 지원을 받아 공격에 나섰다. 부르주아 민병은 대포 5문을 갖고 왔는데, 그중에서 3문을 요새 앞에 포진시켰다. 격렬한 전투—포위자 쪽 사망자 100명—가 벌어진 뒤 일부 수비병들이 사령관에게 항복하라고 압박해 호를 건너는 다리吊橋를 걸치게 했다. 군중은 그 다리를 통해 요새 안으로 우루루 몰려들어가 무자비한 복수극을 벌였다. 사령관을 학살하고 그 머리를 창에 꽂아 들고 거리를 행진했다.

   바스티유의 승리로 파리의 선거인들은 시정을 장악하고 바이이를 시장으로 선출했으며, 라파예트를 혁명군인 국민방위대Garde nationale 지휘관으로 임명했다. 라파예트는 군대의 모자 모표를 파리

짧게 쓴 프랑스 혁명사

시의 색인 빨강과 파랑 사이에 국왕을 표시하는 흰색을 넣은 삼색의 모표로 정했다. 그 뒤 삼색기가 혁명 및 프랑스의 상징이 됐는데, 이것이 신구 프랑스를 결합한 형태로 만들어진 점은 주목할 만하다. 여기에는 그 시기의 여론과 라파예트의 입장이 동시에 드러나 있기 때문이다.

바스티유 공격 다음 날 왕은 의회에 군대를 철수하겠다고 약속했고, 그다음 날에는 네케르를 다시 불러들였다. 왕은 파리 시에 대해 이미 진행된 사실을 인정하고 바이이 시장한테서 삼색휘장三色徽章을 받았다. 왕의 권위는 떨어지고 민중의 개입은 위대한 성과를 올렸다.

왕이 굴복하는 걸 보고 귀족들은 망명하기 시작했다. 왕의 동생 아르투아 백작(comtes d'Artois, 나중의 샤를 10세Charles X, 1757~1836)과 부르고뉴의 영주 콩데 공(Louis VI Henri Joseph de Bourbon-Condé, 1756~1830) 등 귀족신분의 수령들은 훗날의 보복을 굳게 맹세하면서 네덜란드, 스위스 등으로 떠났다.

파리의 혁명을 전후해서 지방 도시에서도 제3신분의 선거인들이 도시의 실권을 쥐고 상설위원회를 설치하는 한편 부르주아 민병을 조직해서 질서유지에 나서기 시작했다. 파리의 혁명은 급속히 지방으로 파급됐고, 거꾸로 지방의 싸움은 전체 혁명을 더욱 전진시켰다.

농촌에서의 혁명은 한층 더 나아갔다. 농민들은 귀족의 정치적 권리를 배척하고 귀족과의 경제관계도 끊어내야 했다. 권위 앞에 비굴하게 침묵하고 있던 농민들이 돌연 낫과 갈퀴, 쇠스랑을 들고 모여들어 영주의 저택이나 곡물창고로 돌진했다. 그들은 영주에게 몰

바스티유 감옥을 공격하는 군중들.

려가 계약문서를 되찾고, 예속과 굴욕의 족쇄를 깨뜨리려 했다. 문서
는 환호의 함성 속에서 불태워지고, 문서 제출을 거부한 영주는 감
금당하거나 저택이 불태워졌다. 농민들은 봉건제도의 근원인 영주
권에 저항하기 시작했다. 이 싸움이야말로 부르주아 혁명의 성패를
가르게 될 것이었다.

　　1789년 봄 이후 식량부족과 물가폭등으로 부랑자가 증가했고,
그들은 식량을 구하려고 농가들을 배회하고 다녔다. 농촌은 일종의
공황상태에 빠졌다. 바스티유 이후 농민들 사이에는 귀족들이 외국
인 부대와 부랑자들을 동원해 농민들을 습격한다는 풍문이 급속하
게 퍼졌다. 그 풍문은 갖가지로 과장된 채 전파되면서 농민들이 무

기를 들게 했을 뿐만 아니라 격분한 농민들이 귀족들을 습격하게 만들었다. 많은 경우 풍문은 근거가 없는 것이었지만 귀족을 공격한 것이 이처럼 자기방어에서 출발한 것은 흥미롭다. 이것이 대공포大恐怖, grande peur다.

농민의 반란은 7월 20일부터 8월 6일까지 프랑스의 중부 고원지대 거의 전 지역을 휩쓸었다. 농민들의 행동은 영주에게 영주권을 포기하게 하고 연공(年貢, 해마다 바치는 공물) 지불 중단을 인정하게 만드는 것 위주로 진행됐으나 동시에 당시 성행하고 있던 농업개혁에 보복하는 성격도 띠고 있었다. 그들은 방목장 울타리를 무너뜨리고 몰수당했던 공유지를 점령했으며, 삼림을 벌채하고 사냥이 금지된 새와 짐승들을 마음대로 잡았다. 이런 행동은 단지 영주를 공격했던 것만은 아니며 일반시민의 토지나 재산권도 침해하게 되었다. 농민들은 대규모 차지농借地農을 위협해 돈을 내게 하거나 유대인을 협박하기도 했다. 이는 귀족들뿐만 아니라 부르주아지에게도 중대한 위협이었다. 혁명은 사회혁명의 양상을 띠어갔다.

귀족과 대지주들은 농민소요로 인한 위기를 의회에 호소하면서 군사력을 동원해 조속히 폭동을 진압하라고 요구했다. 부르주아 의원들도 소요가 일정 한도를 넘어서자 심각하게 생각했다. 무력으로 탄압해야 할 것인가. 하지만 그것은 귀족의 복권과 왕권의 강화를 도와주게 될 것이다. 그렇다고 해서 '신성한' 재산에 대한 침해를 시인할 수도 없었다. 국민의회 및 부르주아지는 귀족과 농민의 중간자로서 사이에 끼여 이러지도 저러지도 못하는 고통을 맛봐야 했다.

8월 4일 밤의 국민의회 심의는 이런 고통에서 벗어나기 위해 연출된 단막극單幕劇 같았다. 노아이유(Louis Marc Antoine de Noailles, 1756~1804) 자작과 데기용(Emmanuel-Armand de Richelieu, duc d'Aiguillon, 1720~1782) 공작 이 두 사람의 자유주의 귀족이 심의를 주도했다. 노아이유 자작은 말했다. "농민들은 요구했다. 그들이 바란 것은 헌법이 아니다. 그러면 무엇을 바랐던가. 그것은 영주세領主稅가 폐지되고 관리들이 없어져 영주에 대한 부담이 경감되거나 교체되는 것이다." 데기용 공작은 열심히 봉건적 권리의 자발적 포기를 주장했고, 열광적인 흥분 속에 귀족과 주교들이 자발적으로 '권리의 포기'를 맹세했다. 흥분은 오전 2시까지 이어져 '인민의 아버지' 루이 16세를 찬양하는 함성 속에 회의는 끝났다.

　겨우 6시간 토론을 거쳐 통과된 이 결의는 성문화되는 데 6일이 걸렸다. "국민의회는 봉건제도를 전면적으로 파괴한다"는 격렬한 구절로 시작되는 8월 11일의 법령은, 그러나 중요한 부분에서 옆길로 빠져나갈 큰 구멍을 만들어놓고 있었다. 즉 '파괴'될 봉건제도는 농노신분 및 영주재판권, 사냥권, 10분의 1세(십일조) 등의 신분·인격과 관련된 권리로, 이런 것들은 무조건 폐지됐다. 하지만 농민의 경제부담에서 그 대부분을 차지하는 연공年貢 징수권에 대해서는 이를 팔아넘긴다賣渡, 즉 (농민들이) 사들이게 한다는 것을 규정해 놓은 데 지나지 않았다. 농민은 20년이나 25년분의 연공을 일괄 지불할 경우에만 토지 소유자로서의 자격을 얻을 수 있었다. 그것을 지불하지 못하면 토지 소유권은 귀족의 것이고 농민은 차지료로 그때까지 해온 대로 연공을 지불해야 한다. 이것은 봉건제의 유상철폐有償撤廢

라 불리는 방식이다.

이 방식은 명백히 귀족에게 유리하고 농민에게 불리한 것이었다. 부르주아지는 귀족들을 근대적인 토지 소유자로 전환시키는 길을 넓혀줌으로써 귀족과 타협하고 수백만 농민들과 대립하는 길을 선택한 것이다. 그러나 그럼에도 이 방책은 부르주아적인 것이었다. 귀족의 신분적 특권 폐지로 프랑스 전국을 분할하고 대립시켜온 영지지배領地支配는 일소돼 모든 주민은 똑같은 프랑스인으로서 동일한 법률의 적용을 받고, 모든 관직에 등용될 수 있게 됐으며, 세제와 교회제도의 통일적인 개혁도 가능하게 됐다. 절대왕정이 착수한 정치적 통일은 여기에서 비로소 완전한 것이 되었고, 프랑스는 근대국가로서의 체제를 갖출 수 있었다. 하지만 그것은 어디까지나 지주가 우월적 지위를 갖는 국가였다는 것도 사실이다.

8월 11일의 법령이 농민들에게 어떻게 받아들여졌는지는 나중에 얘기하겠지만, 어쨌든 국민의회는 이 결정으로 전국적인 농민반란의 폭풍을 일단 잠재울 수 있었다. 의회는 이 시기 이후의 다소 평온했던 한때를 인권선언과 헌법 논의로 보내게 되는데 이것도 나중에 얘기하기로 하고, 여기서는 한 차례의 민중투쟁, '10월 행진'을 살펴보기로 하자.

루이 16세는 의회가 결정한 봉건제 폐지 법령도 인권선언도 재가하려 하지 않았다. 의회는 군주정 원칙 위에 서 있었기 때문에 왕의 재가가 떨어지지 않는 한 법률은 효력을 지닐 수 없었다. 의회의 타협적인 태도가 반동파를 강경하게 만들었다. "짐은 짐의 성직자, 귀족이 그 지위를 빼앗기는 걸 절대 내버려두지 않겠다"고 루이는 아를Arles 대주교에게 보낸 편지에 썼다.

파리에서는 시민들의 분노가 고조되고 있었다. 마라(Jean-Paul Marat, 1743~1793)는 9월에 《인민의 벗》을 발간해 새로운 권력자들인 파리 시장 바이이, 국민방위병 지휘관 라파예트, 그리고 네케르를 맹렬하게 공격했다. 국왕은 1천 명의 플랑드르Flandre 연대를 불러들였고, 9월 말에 도착한 연대를 위해 환영회를 열었다. 왕과 왕비가 참석한 그 연회 석상에서 참석자들은 삼색의 휘장을 짓밟으며 반혁명적인 분위기를 고취했다. 이 소식이 전해지자 시민들의 분노는 폭발했다. 마라는 인민에게 무기를 들라고 호소하면서 "시청의 대포를 끌어내 베르사유로 진군하라"고 썼다. 군대의 개입은 필연적으로 민중의 개입을 불렀다.

10월 5일, 생탕투안의 여인들과 시장市場의 여인들이 빵을 요구하며 시청으로 몰려갔다. '바스티유의 공로자' 중 한 사람인 마이야르(Stanislas-Marie Maillard, 1763~1794)가 이끈 군중은 거기서 다시 베르사유로 향했다. 국민방위병도 그 뒤를 따르라고 요구했다. 결국 파리 콤뮌市會은 국민방위병의 출병을 허가했고 라파예트에게 국왕을 파리로 데려오라는 임무를 부여했다.

베르사유의 제헌의회에서는 때마침 8월의 법령에 대한 재가를 다시 한번 국왕에게 요구하는 문제를 심의하고 있었다. 오후에 마이야르와 부인들이 의회의 현장에 도착했다. 대표자 15명에게 입장이 허용됐다. 모두 비에 젖고 진흙투성이가 된 초라한 옷차림이었는데, 마이야르와 또 한 명의 병사만이 남자였다. 마이야르는 의원들에게 식료품 가격이 비싸다는 것과 플랑드르 연대의 폭행 등을 얘기했다.

그 호소는 "다소 거칠고 세련되진 못했지만 사람들을 깊이 감동시킨 웅변"이었다. 로베스피에르가 곧바로 이 호소에 찬성을 표했고, 의회는 "왕에게 대표를 보내 파리 시민들의 요구를 전달"하자고 결의해 제헌의회 의장 무니에가 그 임무를 떠안았다.

왕은 사냥을 나가 자리에 없었다. 골수 왕당파인 무니에는 옷차림이 초라한 부인들과 함께 4시간 가까이 궁전 안에서 기다려야 했다. 바깥에는 기다리다 못해 지친 수천 명의 군중이 있었고, 국민방위병은 근위병과 계속 옥신각신 다투고 있었다. 사냥에서 돌아온 왕은 베르사유에서 달아날 생각도 했으나 결국 의회가 요구한 조항들을 완전히 수락한다는 답신에 서명했다. 무니에는 "가슴이 터지는 듯한" 마음으로 밤 10시에 의회로 돌아갔고, 뒤이어 한밤중에 라파예트가 궁전에 도착해 왕의 안전을 지킨다면서 전군의 지휘권을 달라고 요청했다.

그러나 새벽녘인 6시, 시민 일부가 방비가 허술해진 틈을 타 성 안으로 들어갔다. 근위병이 발포해 시민 5명이 죽자 군중도 병사 몇 명을 살해했다. 시민들은 궁전 안으로 밀고 들어갔고, 왕비 마리 앙투아네트는 잠옷 차림으로 왕의 방에 뛰어들었다. 결국 왕은 왕비, 왕자와 함께 발코니에 나타났고, 라파예트가 그 곁에서 시중을 들었다. 군중은 "왕이여, 파리로 돌아가시오"라고 외쳤다. 왕은 그 요구에 굴복했고 의회도 왕과 함께 파리로 옮겨 가기로 결정했다. 오후 1시, 의원 100명이 왕을 에워싼 가운데 모든 군대, 모든 민중이 파리를 향해 행진을 시작했다. 부인들은 외쳤다. "우리가 빵집 주인과 그 안주인, 사환 아이(왕과 왕비, 왕자를 가리킨다)를 데리고 왔어요." 그리하여 "남자들이 바스티유를 점령했고, 여자들이 국왕을 포로로 잡았다"(미슐레)는 역사가 이뤄졌다.

10월 행진은 큰 사건이었다. 왕과 의회는 그 이후 파리 시민의 감시 아래에 놓이게 되었다. 무니에는 상심한 나머지 의원직을 버리고 도피네 주로 돌아가 반혁명을 기도했으나 실패해 망명길에 나선다. 귀족들의 제2차 망명이 시작됐다. 그러나 베르사유 궁에 침입한 당시의 민중이 왕정에 반대하는 감정을 품고 있었다고 생각할 수는 없다. 부인들은 왕을 '선량한 파파'라고 부르며 신뢰했다. 왕에게 기대를 걸었기에 베르사유로 행진했던 것이다. 왕정이 민중에게 무엇을 의미했던가, 민중은 아직 그것을 명확하게 파악하지 못하고 있었다. 이것은 1905년, 승정僧正 가봉에게 이끌린 러시아 노동자들이 차르에게 구원을 호소하며 동궁으로 몰려간 것과 다르지 않다. 차르가 명령한 일제사격이 러시아 노동자들의 사상을 바꿔버렸듯이 오로지 사실만이, 심각한 체험만이 마침내 왕정이 진정 어떤 것인지 그 실체를 민중에게 가르쳐주게 될 것이었다.

## 3. 제헌의회

소란 속에서도 의회는 본연의 업무인 헌법을 확정하기 위한 심의를 거듭했다. 1789년에 시작돼 1791년 9월에 해산될 때까지 이 의회는

'제헌의회'[Assemblée constituant, 삼부회에 참가한 제3신분 대표들은 삼부회의 '제3신분회의'가 곧 국민의회임을 선언했고, 이에 굴복한 루이 16세는 성직자와 귀족들에게 국민의회에 합류할 것을 권고, 1789년 7월 9일 귀족과 성직자들의 두 신분까지 모두 참여한 국민의회가 제헌의회(헌법제정국민의회)임을 선언했었다―옮긴이]로 불렸다.

8월 12일부터 2주간, 의회는 인권선언 즉 '인간과 시민의 권리선언'에 대해 토의하고 8월 26일에 이를 확정했다.

"인간은 태어나면서부터 자유로우며, 평등한 권리를 가진다"(제1조)로 시작되는 이 선언은 바로 계몽사상의 기본원리를 드높이 내건 것이었다. "모든 정치적 결합의 목적은 천부적이며 소멸하지 않는 인간의 권리들을 유지하는 데 있다. 그 권리는 자유, 소유권, 안전, 그리고 압정에 대한 저항이다"(제2조). 바로 이 단순하고 명쾌한 진실들을 관철하기 위해 혁명의 투쟁이 펼쳐졌던 것이다. 올라르(François Victor Alphonse Aulard, 1849~1928)가 말한 것처럼 인권선언은 실로 "구제도의 사망 증명서"였다. 동시에 이 선언은 '자유'와 '소유권'에 특별한 무게를 실어주었다. "자유란 타인을 해치지 않는한 모든 것을 할 수 있는 것이다"(제4조). "소유권은 침해할 수 없는 신성한 권리다"(제17조). 부르주아적 재산 옹호와 자유주의 원칙의 확립, 이 방침에 따라 머지않아 헌법 조항 심의도 진행됐다.

헌법 조항 심의는 새로운 프랑스 국가를 어떻게 구성할 것인가 하는 문제였다. 진지하고 활발하게 토의를 진행하면서 의원들 사이에는 자연히 의견 차이가 확연히 드러났다. 먼저 소수의 우익과 좌익, 그리고 다수를 차지하는 중간파로 나뉘게 된다.

인간과 시민의 권리선언.

짧게 쓴 프랑스 혁명사

우익은 절대왕정을 그대로 지속시키자고 주장하는 수구파守舊派였다. 회의장에 몰려든 방청인들로부터 맹렬한 공격을 받아, 혁명이 진전되면서 탈락해 가는 무리가 되었다.

이와 반대로 시간이 지나면서 민중의 열렬한 지지를 받았으나 회의장에서는 소수파였던 좌익이 있다. 로베스피에르, 페티옹(Jérôme Petion de Villeneuve, 1756~1794), 뷔조(François Nicolas Léonard Buzot, 1760~1794) 등인데, 페티옹과 뷔조는 나중에 지롱드파가 돼 로베스피에르와 대립하게 된다.

다수를 차지한 중간파도 다시 우파와 좌파로 나뉜다. 우파는 무니에, 클레르몽 토네르 등으로 대표되는데, 대체로 몽테스키외의 정치이론에 충실하면서 영국식의 양원제 의회와 왕권, 즉 집행권의 우위를 주장했다. 왕정하에서 귀족과 더불어 정권을 담당하려던 상층 부르주아지의 정치적 이상을 드러내고 있다고 봐도 좋다. 보통 '왕당파'로 불린다.

중간파의 좌파는 시에예스, 르 샤플리에, 바이이가 중심으로, 정치이론상으로는 루소에 약간 접근한다. 사회적으로는 재산 소유자의 입장을 분명하게 지지했다. 왕권에 대해서는 그 절대적 우위를 인정하지 않고 오히려 '의회=입법권'의 우위를 주장했다. 이 파는 입헌파로 불리며, 우파보다 더 많은 영향력을 지녔던 개명파 그룹이다.

그리고 이 파 중에는 바르나브를 중심으로 라메트 형제(알렉상드르Alexandre-Théodore-Victor, comte de Lameth, 1760~1829. 샤를Charles Malo François Lameth, 1757~1832), 뒤포르 등이 만든 '삼두파'로 불린 그룹이 있다. 이 파의 주장은 왕의 거부권은 인정하지만 거기에 제한을 두고(의회가 거부권을 돌파해서 자신들의 뜻을 관철하는 방안을 지지했다), 의회는 양원제를 이상으로 삼지만 당분간은 귀족을 배제하기 위해 단원제로 한다는 현실론적 입장을 취했다. 어느 쪽이든 이들 중산과 좌파의 입장은 부르주아지가 전반적으로 국가권력을 장악한다는 것, 다만 민중 또는 빈곤층의 저항이나 폭동을 억누르기 위해 왕으로 대표되는 집행권의 독자성은 일단 유지하게 한다는 것으로 요약할 수 있다.

로베스피에르 일파는 루소의 정치이론을 거의 전면적으로 받아들였다. 이 파는 선명한 '인민주권론'을 주장하면서, 왕과 인민을 포함한 '국민주권론'을 물리쳤다. 주권은 인민에게 있고, 입법권이 가장 높은 것이며, 왕이라 하더라도 여기에 따라야 한다. 선거권은 재산의 크기에 의해 제한받아서는 안 된다. 의원은 인민의 대표자가 아니라 대리인이며, 반드시 인민의 '일반의지volonté général'에 따라야 한다. 이 파는 루소가 그랬듯이 민중 특히 소시민과 소농민이라는 소부르주아의 요구를 대표했다. 그들이 의회 안에서는 소수파였지만 의회 바깥에서 광범한 사람들의 지지를 받은 이유는 여기에 있었다.

이들 집단은 아직 오늘날의 정당과 같은 존재는 아니었다. 의원들은 독자적 식견을 지녀야 하며, 당파나 특수이익에 구속당하는 것을 부끄러워해야 할 타락이라 여겼다. 그들은 혁명으로 계급을 없앨 수 있다고 믿었다. 그러나 사실은 바로 이 혁명에 의해 본래의 경제적 계급인 부르주아지와 프롤레타리아가 탄생했다. 그들은 깊은 자각 없이 부르주아지를 위한 국가·사회조직의 건설에 착수했다. 그들에 따르면 재산을 갖고 지식을 가진 인간은 사회의 선량으로서 재산도 지식도 없는 인민을 위해 봉사해야 하는 존재였다. 계급 모순이라는 건 어디에도 없었다. 아니 그렇다기보다는 모순을 없애는 것이야말로 그들의 임무였다. 반혁명파는 그들의 이런 임무를 방해했다. 따라서 어떻게 해서든 구세력을 배제하고 혁명을 방어하는 것이 당면한 최대 과업이었다.

10월 행진 뒤에 브르타뉴 출신 의원들은 '브르통 클럽Club breton'을 파리 자코뱅파 수도원으로 옮겨 '헌법의 벗 모임Société des amis de la Constitution'이라고 이름 붙였다. 의원들과 일반 부르주아에게도 문호를 열어, 약 1년 뒤에는 1천 명이 넘는 회원을 헤아리기에 이르렀다. 사람들은 이를 자코뱅 클럽(club des Jacobins. 1792년 이후에는 Société des Jacobins, amis de la liberté et de l'égalité. 영어로는 Society of the Jacobins, Friends of Freedom and Equality)이라고 불렀다. 파리뿐만 아니라 지방의 도시나 농촌에도 자코뱅 클럽이 만들어져, 끊임없이 연락을 취하고 출판물을 보내고 지령이 전달됐다. 이것은 혁명적 부르주아지의 결집점이요 의회활동을 위한 거점이었다. 의회에서 토의되는 중요 안건들은 먼저 자코뱅 클럽에서 토론과정을 거쳤고, 클럽에서 지지를 받은 의원이 의회에서도 유력자가 됐다.

그 밖의 정치클럽으로는 라파예트가 콩도르세, 시에예스 등과 함께 만든 '1789년 모임'이라는 상류계급의 온화한 혁명가들 살롱이 있었고, 그보다 오른쪽으로 기운 '입헌왕정의 벗 클럽'이 있었다. 이들은 각기 기관지 또는 자신들이 영향력을 발휘하는 신문을 발행하며 활동했다.

"혁명은 말이 많은多辯 법이다"(트로츠키)라고들 했듯이, 당시의 의사록은 3년간에 걸친 헌법논의를 장황하게 전해주고 있다. 그것을 여기서 자세히 살펴볼 여유는 물론 없다. 주요 논점과 각파의 태도를 정리해보겠다.

### 1) 왕의 거부권

의회의 결정에 대해 국왕은 거부권을 행사할 수 있는가. 행사할 수 있다면 그것은 어떤 거부권인가 하는 것이 문제로 등장했다. 지난날의 절대왕정하에서 국왕의 권력은 절대적이며 무제한이어서 어떤 것도 이를 구속할 수 없었다. 왕권은 입법권보다 우월한 것이라기보다는 애초에 입법권의 독자성이라는 것이 인정되지 않았다. 그러나 이미 국민의회가 만들어지고 왕도 그 존재를 인정하고 난 뒤에는 양자 간의 관계를 법적으로 규정하지 않을 수 없었다. 이 문제에 대해 우파 및 중간파의 우파는 예전의 중농주의자가 그랬듯이 왕의 절대적 거부권을 주장했다. 무니에는 과거 1400년에 걸쳐 국왕이 존재했다는 역사적 사실이 있는 이상 그 권력을 제한해야 할 어떤 이유도 발견할 수 없다는 속(俗)된 주장을 들고 나왔으며, 당트레브d'Entrèves 공은 삼권분립과 그 상호규제를 설파한 몽테스키외를 원용해 절대적 거부권을 정당화했다. 이에 대해 시에예스는, "법률은 원래 통치받고 있는 자의 의지가 표명된 것으로서, 통치자는 그 의지 형성에 어떤 관여도 할 수 없다면서, 만일 관여할 수 있다면 그것은 한 개인의 의지意志로 2500만 명의 의지를 뒤집을 수 있다는 것과 같다, 그러므로 거부권은 인정될 수 없다"는 반론을 전개했다. 로베스피에르도 같은 입장에 섰다.

이 논전의 결과는 바르나브가 제안한 제한 조건부 거부권이라는 타협안으로 정리됐다. 그는 인민의 '일반의지volonté général'야말로 주권主權이라는 루소의 이론―이것은 당시 압도적 풍조였다―을 그 전제로 인정하면서도 동시에 왕권의 우월성을 유지하는 방법을 생각해낸 것이다. 즉 왕은 의회가 제정한 법률에 대해 그 발효 정지를 명할 수 있다. 의회가 (왕의) 그 결정을 넘어서서 의지를 관철하려면 다음 선거를 통해 새로 구성된 의회가 앞의 의회와 같은 의지의 결정을 다시 하면 된다는 것이다. 이 안은 얼핏 양자 간에 타협을 꾀한 것처럼 보이지만 실제로는 '왕권=집행권'이 입법권보다 우위를 차지하고 '일반의지'를 구속하는 결과가 될 것이 분명했다. 그러나 표결 결과, 압도적 다수의 찬성으로 이 안이 통과됐다.

### 2) 대의제도

이에 대해서는 먼저, 의원은 본래 어떤 자격을 지닌 존재인가, 라는 문제가 있다. 이미 얘기했듯이 로베스피에르 일파는, 의원은 선거인의 의지를 대변하도록 명령을 받은 단순한 대리인이라고 했다. 그러나 다수파는 '일반의지'의 우월성을 인정하지만 의원은 의회에서 자기 판단으로 독자적인 태도를 취할 수 있는 수탁자受託者라고 했다. 그들은 '일반의지'의 실체와 그 행사를 구별하고, 인민은 '일반의지'의 소유자이긴 하나 그 행사는 의원들에게 맡긴 것이라 했다. 따라서 의원들의 의지는 '일반의지'의 표현이며, 주권의 행사는 의원들 권한이고, 의원은 선거인의 진정이나 요구에는 구속받지 아니한다고 주장했다. 시에예스를 앞세워서 전개한 논리는 그런 것이었다.

의원 자격 문제는 선거인 자격 문제로 발전했다. 다수파는 국민을 '능동적 시민citoyen actif'과 '수동적 시민citoyen passif'으로 나누고, 일정한 조세부담을 지는 자만이 능동적 시민으로서 선거권을 가진다고 주장했다. "재산을 가진 자만이 진짜 시민이다"라는 백과전서파의 명제가 시에예스와 바르나브에 의해 되풀이되었다. 로베스피에르는 선거권 및 피선거권 문제를 놓고도 "모든 시민은 누구든 선거권과 모든 종류의 의원이 될 권리를 갖고 있다"며 강력하게 맞섰다. 재산이 많고 적은 것으로 선거 및 피선거 자격을 제한하는 것은 인권선언에 대한 중대한 배신이라고 그는 주장했다. 그러나 어느 경우에서든 그는 소수파였다.

### 3) 입법·행정·사법기관

입법기관에 대해서는, 우파와 중간파의 우파가 세습제 상원을 만들자는 안을 냈고, 중간파의 좌파 중에는 이를 수정해서 선거를 통한 양원제로 하자고 제안한 이들도 있었다. 그러나 바르나브 일파는 앞서 얘기한 이유로 좌파의 단원제론자單院制論者들에게 동조해 단원제를 통과시켰다.

행정기관에 대해서는 (1) 왕과 장관(대신)이 법률에 관한 칙령을 내릴 수 있는가, (2) 장관은 의회에 출석할 수 있는가 하는 권한문제가 쟁점이 됐다. 우파와 중간파의 우파는 둘 모두를 긍정하고 좌파는 부정했으나, 중간파의 좌파는 (1)에 대해서는 국왕이 법률 정신에 위배되는 선언을 공표할 수는 없으나 선언을 통해 법의 실시를 촉진할 수 있다고 했고, (2)에 대해서도 의회의 우월성을 손상하지 않는다는 조건부로 장관의 출석을 인정한다는 타협안을 통과시켰다.

사법기관에 대해서도 우파는 이를 왕의 집행기관의 일부로 하자고 주장했고, 좌파는 입법기관에 종속시킬 것을 요구했는데, 중간파의 좌파는 양자 간의 타협을 바탕으로 사법권의 독립을 제도화했다.

### 4) 외교권

외교권 중에서 가장 중요한 문제는 선전(포고)과 강화의 권리가 누구에게 귀속되는가 하는 것이었다. 우파 및 중간파의 우파에게 이 권리는 무조건 왕권의 일부이며, 의회의 개입을 허용치 않는 것이었다. 좌파는 당연히 이에 반대했다. 왕이 마음대로 전쟁을 기도해 외국과 공모하는 것이 허용된다면 혁명은 내일 당장 무너지고 말 것이다. 그런 권한들은 당연히 의회의 전결사항이라는 것이 좌파의 주장이었다.

이 문제에서는 미라보가 커다란 역할을 했다. 미라보는 혁명의 사자獅子로 일컬어졌는데, 우락부락한 풍모와 갈라지는 듯한 큰 소리로 회의장을 압도한 영웅이었다. 그는 '폭풍우와 같은 성격'이라는 말을 들은 자유분방한 귀족으로, 일관된 이론도 주장도 없어 별로 인정받지 못하고 있었다. 행동은 화려했으나 그것은 다수의 인민들을 위해서라기보다는 오히려 그 자신의 이익을 위해서였다. 선전·강화의 문제는 1790년 5월에 의제가 됐는데, 그는 몰래 왕실과 연락

오노레-가브리엘 리게티 미라보.

을 취해, 이 권리를 왕이 확보할 수 있게 해주면 매월 6천 리브르의 수당과 의사일정 종료 뒤 100만 리브르를 받기로 내락을 받아놓고 있었다.

미라보는 우익과 좌익 양쪽 모두를 공격하면서 중간 안을 내놓았다. 왕은 군사·외교권을 갖지만 동시에 의회도 왕의 결정을 부인하고 전비 지출을 결정할 권리를 가진다는 안이었다. 이것은 표면적으로 공평해 보이지만 실제로는 왕이 전쟁명령을 내려버릴 경우 의회는 그 기정사실에 압도당해버릴 것이었다. 바르나브는 이 점에 대해 반론을 펴면서 선전포고는 '일반의지' 행위이기 때문에 의회에 귀속돼야 한다고 주장했다. 미라보는 의원들과 방청객들의 군주정君主政 지지 감정에 호소하면서 이렇게 말했다.

"그렇다면 묻고 싶다. 국왕은 존재하지 않아도 좋은 것인가. 설마 쓸모없는 국왕이라면 존재해도 좋다고 얘기하지는 않겠지." 이 논전에서는 선동가 미라보가 승리를 거두었다. 그러나 중간파의 좌파는 곧바로 수정동의를 내어, 국왕은 의회에 대해 선전·강화를 제안하는 권리를 가질 뿐이라는 것을 확인시킨 뒤 토의는 끝났다.

## 5) 헌법제정 권력

의회는 회기가 끝나감에 따라 헌법 개폐 절차에 대해 토의했다. 다수파는 이 문제를 일반민중의 의지에 맡기는 게 위험하다고 느꼈다. 우파는 이에 대해 국왕의 발언권을 주장했고, 좌파는 국민의 자유로운 발의에 맡겨야 한다고 주장했다. 토의 결과는 결국 헌법 개폐 발의권이 의회에 있으며, 그 결정권은 특별히 선출된 헌법을 새로 제정할 '국민공회Convention nationale'에 귀속된다는 결정이 내려졌다. 인민주권을 형식적으로 유지하면서 실질적으로는 부르주아지가 전권을 장악하는 방식이 여기서도 채택된 것이다.


그리고 재정과 종교문제에 대해 이야기해야겠다. 혁명은 제3신분을 여러 부담(짐)에서 해방시켰으나, 이것이 재정부담을 경감하고 재정상태를 개선하는 쪽으로 이어지진 못했다. 오히려 거꾸로 정부는 성직자·재판관·재무관 등의 예전 관리들에 대한 보상이나 폐지된 십일조(10분의 1세) 보상을 위해 거액의 부채를 새로 짊어지는 바람에, 신구 부채액은 합해서 42억 리브르에 달했다. 그런데 정부수입의 원천인 조세는 혁명의 결과 간접세는 폐지되고 직접세는 토지세地租. 地代와 임대수입에 부과하는 동산세, 상공업 소득에 부과하는 영업세 등 3종으로 개편됐다. 이 가운데 토지세(지대)가 가장 중요한 것으로, 2억 4000만 리브르의 수입이 예상됐다. 그러나 그것을 부과하기 위해서는 토지 측량, 수확 사정査定, 땅값地價 결정 등이 선결돼야 하는데 그것이 쉬운 일이 아니기 때문에 잠정적으로 예전의 과세 방법을 그대로 적용했다. 따라서 징수는 좀체 성과를 올리지 못했고 국고의 궁핍은 더욱 심화될 뿐이었다.

이런 재정난을 타개하기 위해 주목한 것이 막대한 교회재산이 었다. 교회는 프랑스 전체 국토의 약 10%, 30억 리브르에 상당하는 자산을 가진 것으로 추산됐다. 1789년 11월, 의회는 상급 성직자의 저항을 물리치고 교회재산을 '몰수=국유화'하기로 결정했고, 이 자산을 담보로 국가가 아시냐Assignat라는 국고채권國庫債券을 발행할 수 있게 됐다. 최초의 발행은 4억 리브르였으나, 아시냐 즉 '지불할 수 있다'는 뜻을 지닌 그 이름을 보더라도 지폐로서 유통시킬 목적으로 발행한 것은 아니었다. 정부는 이 아시냐를 할인은행에 넘겨 은행권의 담보로 잡히고, 국유재산 매각이 진행되는 대로 그것을 회수해서 폐기할 작정이었다. 즉 아시냐는 국유재산 상환권으로, 상환이 끝나면 상환권은 폐기되는 게 당연했다.

그러나 아시냐는 의회가 예상했던 것만큼의 신용력을 갖지 못했다. 교회재산 몰수 및 매각이 과연 잘 진척될 것인지 사람들이 의문을 갖고 있었기 때문이다. 의회는 아시냐를 통한 부채상환 이외의 방법을 갖고 있지 못했기 때문에 결국 아시냐를 강제통용력을 지닌 화폐로 전환할 수밖에 없었다. 1790년 9월, 국가는 그 부채를 '무이자의 아시냐 지폐로' 지불하고, 그 발행한도를 12억 리브르로 확대하기로 결정했다. 이것은 국가재정 부족을 인플레이션을 통해 채권자 및 대중의 부담으로 전가하려는 부르주아 국가의 상투수단이었다. 화폐의 가치 하락과 물가 급등이 그 당연한 결과로 초래될 수밖에 없었다. 혁명기는 동시에 인플레이션이 격심해지는 시기이며, 한 편에서는 부르주아의 재산이 급속히 축적되지만 다른 한편으로는 민중의 궁핍이 매우 심화됐다.

종교문제에 대해 의회는 절대왕정이 그때까지 착수한 정책을 완성시켰다. 그것은 간단히 말하면, 종교를 국가 아래로 종속시키는 것이었다. 그러나 이 일은 결코 간단하지 않았다. 인권선언은 먼저 종교가 어떠해야 하는지를 이렇게 규정했다. "어느 누구도 무엇을 표명하든 그것이 법률로 인정받은 질서를 어지럽히지 않는 한, 종교상의 의견일지라도 자신의 의견 때문에 위협을 당해서는 안 된다"(제10조). 이것은 법을 지키기만 하면 종교적 관용은 허용돼야 한다는 것을 인정한 규정이다. 물론 문제는 이것으로 정리되진 않았다. 왜냐하면 프랑스 교회는 로마 법왕과 엮여져 있어 초국가적인 성격을 지니고 있을 뿐만 아니라 다수의 비생산적인 수도승들을 거느리고 있었고, 앞에서도 얘기했듯이 광대한 토지를 점거하는 일대 왕국을 이루고 있었기 때문이다. 가톨릭에 대한 국민의 신앙도 뜨거웠고, 신교도 세력은 거의 말하기조차 어려울 만큼 미미한 상태였다.

교회재산의 국유화가 구체제에 대한 제2의 공격이었다. 국가는 단지 수행修行만 하는 성직자들에게는 수도원을 이탈할 자유를 주었고, 교구敎區의 재속在俗 성직자들에게는 국가 공무원으로 간주해 봉급을 주기로 했다. 그렇게 해서 교회재산과 성직을 분리했다.

1790년 7월, 의회는 성직자 기본법을 제정해 성직자의 임명은 선거를 통해서 하고, 교회조직은 행정구역에 따라서 하도록 했으며, 특수한 성직자 단체는 폐지하기로 했다. 의회는 프랑스의 모든 성직자들에 대해 헌법 및 성직자 기본법을 지키겠다는 취지의 서약을 하도록 요구했다. 이것은 세속국가가 완전히 교회를 장악한 사실을 확인하기 위한 것이었다. 그러나 이 조치는 성직자를 선서 성직자와 선서거부 성직자로 분열시키는 결과를 낳았다. 로마 교황은 1791년 봄, 인권선언과 성직자 기본법을 비난하는 친서를 발송했다. 그러자 선서 성직자는 혁명 쪽에 가담하고 선서거부(기피) 성직자는 반혁명 쪽에 가담했다. 성직자 간의 분쟁이 시작됐고, 여기에 선서거부 성직자들에 대한 민중의 박해, 귀족과 선서거부 성직자들의 반혁명 음모가 가세했다. 혁명의 와중에 종교가 지닌 정치성이 드러났다. 그리하여 종교투쟁을 체험하면서 기독교 그 자체를 부정하려는 운동, 또는 기독교를 대체하는 새로운 국가종교를 만들려는 운동이 시작된다.

농촌에서는 1789년 8월 4일 이후에도 농민과 영주의 싸움이 멈추지 않았다. 특히 8월 11일의 법령이 농민의 기본적 요구인 공조貢租 부담 철폐를 인정하지 않았음이 분명해짐에 따라 농민의 불만은 증대했다. 영주들도 또한 8월 4일의 흥분이 가라앉으면서 모든 권리를 포기하지 않겠다는 심정으로 되돌아갔다. 1790년 6월의 법령은 "문서, 연설, 협박, 폭행 등의 방법으로 십일조 및 공조 징수를 방해하는 자는 어느 누구를 불문하고 공안 교란자로 기소된다"고 선포했다. 농민들은 마을 광장에 반란을 상징하는 기둥을 세우고 교수대를 설치해 배신자에 대비하면서 굳건한 단결 속에 공조 납부 거부, 영주의 몰수(엔클로저)토지 탈환, 실력행사로 영주 직영지에 방목하기 등의 싸움을 밀어붙였다. 의회와 교회, 의회와 농촌 사이에는 여전히 큰 간극이 있었다. 오히려 그 간극은 더 넓어지는 형세를 나타냈다.

왕실이 이를 못 본 채 지나칠 리가 없었다.


## 4. 국왕의 도주


1791년 6월 20일 한밤중에 대형 4륜마차 한 대가 튈르리 궁전Palais des Tuileries을 빠져나갔다. 그 안에는 심부름꾼 차림을 한 루이 16세와 왕비, 왕의 누이, 왕자가 타고 있었다. 왕은 그 두 달쯤 전에 의회에서 "짐은 성직자 기본법을 포함한 헌법을 승낙했다. 앞으로도 짐은 전력을 다해 헌법을 유지할 것이다"라는 성명을 발표한 바 있는데, 그로부터 얼마 지나지 않은 시점이었다. 그런데 왜 왕은 도망가야만 했을까.

왕은 그러나 그 전에 별도로 손을 써서 외국의 왕들에게 그 공식 성명을 곧이곧대로 받아들이지 말아달라고 통지했다. 그렇다면 의회에서 성명을 발표한 것은 실은 도망계획을 숨기기 위한 연막에 지나지 않았던 셈이 된다.

왕의 마차는 파리 동쪽 200km 지점의 바렌Varennes이라는 마을에서 경계태세를 취하고 있던 국민방위병과 농민들에게 붙잡혔다. 의회에서 바르나브 외에 2명의 대표가 왕을 맞이하러 파견됐다. 무기를 든 민중의 분노의 함성과 증오의 시선이 쏟아지는 가운데 마차는 파리로 방향을 돌렸다. 어느 귀족이 인사를 하기 위해 왕의 마차에

바렌에서 붙잡힌 왕의 가족.

다가가자 농민들은 그 귀족을 순식간에 희생의 제물로 삼았다. 6월 25일, 파리 민중은 분노의 침묵 속에 왕의 귀환을 맞았다. 다수 민중은 왕이 도망쳤다는 얘기를 처음 들었을 때 왕이 없어도 태양이 떠올랐다며 놀랐을 정도로 소박했다. 그러나 그 소박한 믿음이 곧 격렬한 분노로 바뀌는 것도 피할 수 없었다. 그 씨앗을 뿌린 것은 왕 그 자신이었다.

의회에서는 로베스피에르 등의 민주파가 왕의 책임을 추궁했으나, 의회의 주류 특히 바르나브 일파는 그 사건으로 왕을 완전히 의회 편으로 끌어들일 수 있다고 생각해, 왕의 불가침성을 규정한 헌법을 구실로 민주파의 추궁에 반대했다. 바르나브는 왕과 왕비

짧게 쓴 프랑스 혁명사

에게 협력해서 의회와 왕권이 타협을 이뤄내고 그것을 토대로 혁명에 종지부를 찍으려고 생각했다. 국왕을 맞이하러 갈 때 마차 속에서 그의 구상이 이루어진 것으로 보인다. 그는 말했다. "나는 여기서 진정한 문제를 제기한다. 즉 '우리는 혁명을 끝내려 하고 있는가, 그렇지 않으면 다시 시작하려 하고 있는가'라는 것이다." 혁명을 다시 시작하려 한다면 그것은 '군주제의 파괴'와 '재산권의 파괴'를 피할 수 없게 될 것이라고 그는 경고했다. 바르나브 일파는 혁명을 끝내기 위해 자코뱅 클럽에서 탈퇴해 라파예트 일파와 함께 푀양Feuillant 수도원에 모여 '푀양'파를 결성했다. 그들은 의회를 자신들의 노선에 따르게 하는 데 성공했다.

그러나 민중은 그것을 알지 못했다. 왕의 도주와 동시에 왕정 폐지, 공화정 수립 요구가 공공연히 터져 나오기 시작됐다. 7월 17일, 인권옹호를 목표로 설립된 코르들리에Cordeliers 클럽을 중심으로 한 파리 민중은 샹 드 마르스 광장Champ-de-Mars에 모여 공화정共和政 청원 서명운동을 벌였다. 시장 바이이와 라파예트는 의회의 지지를 얻어 이 집회의 해산을 명했고, 국민방위병은 아무 경고도 없이 비무장 민중을 향해 발포했다. 다수의 사상자가 발생했으나 의회는 더욱 위압적으로 나와 주모자를 투옥하고 민주적인 신문을 금지시켰으며, 집회의 자유를 빼앗았다. 코르들리에 클럽은 한때 중단될 수밖에 없었고, 자코뱅 클럽조차 푀양파의 대량 탈퇴로 한때 로베스피에르를 중심으로 한 소수자가 가까스로 모임을 유지해갈 뿐이었다. 혁명은 전진을 멈췄고, 왕당파와 푀양파의 결탁으로 혁명은 종지부를 찍게 될 것이라는 관측이 나왔다.

제롬 페티옹.

의회는 그 뒤 2개월 남짓 몹시 서둘러 헌법 조문을 정비하고 확정했는데, 그 내용은 최초로 결정했을 때의 그것보다 왕의 권한이 강화돼 있었다. 9월 30일, 의회는 "국왕 만세!"를 연호하면서 해산했다. 튈르리 궁전의 회의장에서 퇴장하는 의원들을 군중이 에워쌌다. 민중은 의원들을 "그들이 한 일에 맞추어" 환영했다. 좌파 의원 로베스피에르, 페티옹 등에게는 열광적인 함성과 박수가 쏟아졌다. 노래가 시작되자 감동한 부인이 안고 있던 아이를 들어올렸다. 그러나 바르나브 등의 삼두파에게 쏟아진 것은 욕설과 조롱의 휘파람 소리뿐이었다. 이것은 뭔가를 상징하는 광경이었다. 새로운 의회, '입법의회'가 10월 1일부터 발족하게 된다.

# 5장 전쟁과 혁명
## (1791~1792)

• 앞 쪽 그림 설명:   국민공회 의원의 휘장. '평등·자유·통일'이 적혀 있고, 왼손으로 혁
명모자를 들고 오른 팔로 단결을 의미하는 나무 묶음을 안고 있다.

# 1. 입법의회

제헌의회 2년 반 동안 분명해진 계급관계는 구세력과 부르주아 의회와 민중 3자가 여러 형태로 대립과 타협을 계속해온 결과였다. 구세력인 귀족과 성직자는 왕권에 반항하긴 했지만 왕을 버리는 것은 자신들의 무덤을 파는 것과 같다는 것을 깨닫고 절대군주라는 '신이 내려준 왕'을 확고히 유지하려 했다. 부르주아 의회는 구체제에서 귀족들을 쫓아내고 자신들이 새로운 귀족—로베스피에르의 말을 빌리면 '재산 귀족'—이 되어서 역시 왕과 손을 잡으려고 했다. 그 정치적 대변자가 라파예트, 바이이, 미라보, 바르나브였다. 그렇지만 그 시기의 부르주아 대변자는 아직 귀족적 성격을 지니고 있었고, 자본보다 토지소유에 무게를 두고 있었다. 예컨대 1791년의 헌법이 규정한 선거인 자격은 최저 150일 분의 노임勞賃에 상당하는 수입이 있는 토지재산 소유자거나 임차인으로 돼 있었다. 즉 1년 중 절반은 놀고 먹을 수 있는 사람만이 선거권을 가진다는 것이다.

그러나 왕권과 주권을 나눠 갖고 싶었던 부르주아 의회의 소망은 그 소망대로 이뤄지지는 못했다. 중요한 것은, 시민이나 농민이 강경하게 혁명에 개입해서 실력행사를 해야 비로소 왕은 타협의 기미를 보이면서, 본심이야 어쨌든, 의회와의 결합을 선언했다는 점이다. 혁명을 위해 싸우는 계급은 결합하고 동맹하면 상대를 퇴각시킬 수 있으나, 거꾸로 분열하고 대립하면 상대가 공세로 나오는 법이다.

하지만 의회는 이런 민중의 힘과 창의성을 인정하고 싶지 않았다. 그것을 가장 극단적으로 드러낸 것이 '샹 드 마르스의 학살'이었다. 의회와 민중은 선명하게 대립했다. 의회는 군주제의 옹호를 내세웠고 민중은 점차 공화정 쪽으로 이끌려 갔다. 따라서 이제는 구세력이 공세로 나올 차례였다. 제헌의회에서 한 최후의 연설에서 로베스피에르는 말했다. "혁명이 끝났다고 나는 생각하지 않는다." 이 말대로 혁명은 아직 끝난 게 아니었다.

제헌의회는 회기 마지막에 현재의 의원들은 다음의 입법의회 의원이 될 수 없다는 결정을 내렸다. 이는 바르나브 등의 주류파에 대한 좌우 양 세력의 공격 때문이었다. 우파는 더 보수적인 헌법을 바랐고, 좌파는 더 민주적인 헌법을 이상으로 삼고 있었다. 양극단이 손을 잡았고 뒤이어 주도권을 잡으려던 푀양파의 의도를 좌절시켰다. 입법의회는 대부분이 젊은 신인들로 구성됐다. 그 내역을 보면, 푀양파 264명, 자코뱅 및 코르들리에파 136명, 그 외에 어느 쪽인지 거취가 분명하지 않은 350명 등이었다. 좌파를 구성한 자코뱅파는 파리에서 선출된 문필가 브리소(Jacques Pierre Brissot, 1754~1793), 지롱드Gironde 현에서 선출된 변호사 베르니오(Pierre Victurnien Vergniaud, 1753~1793)가 주도했다. 브리소파 또는 지롱드파라는 명칭이 여기서 나왔다.

브리소는 노예해방을 지향하는 '흑인의 벗 모임' 멤버였고, 민주주의 고취자였다. 동시에 오를레앙 공, 라파예트에게도 봉사한

'책사策士'였다. 영국, 스위스,
아메리카를 여행하고 자유
로운 상업에 심취했으며, 부
와 자본의 이익에 민감했다.
베르니오는 리모주Limoges의
상인 자손으로 오랜 기간 일
정한 직업을 갖지 않았으나
튀르고의 눈에 띄어 그 지도
를 받았는데, 특히 말辯舌 잘
하기로 유명했다. 이 두 사람

피에르 베르니오.

을 지도자로 둔 지롱드파는 혁명의 제2세대를 대표하는데, 민주주
의적 경향과 자본가적 경향을 함께 지니고 있었고 루소보다 오히려
볼테르나 백과전서파의 지향성을 이어받았다.

그런데 루이 16세는 입법의회에 대해 어떤 태도를 취했던가.
그는 1791년의 헌법이 규정한 '국민의 대표자'가 돼, '프랑스의 왕'
에서 '프랑스인의 왕'으로 바뀐 것일까. 표면적으로는 왕은 의회를
인정하는 태도를 취했다. 1791년 10월부터 11월에 걸쳐 의회는 망
명귀족과 선서거부 성직자의 반혁명운동에 대응하는 조치로 망명귀
족의 재산을 몰수하고 선서거부 성직자의 추방을 명하는 법령을 가
결했다. 왕은 이 법령에는 거부권을 발동했으나 왕의 동생 프로방스
백작(Louis Stanislas Xavier comte de Provence, 1755~1824. 루이 18세)에게
귀국을 명하고, 망명귀족에게 원조를 제공하던 독일 제후에게 항의
하는 결의를 재가裁可했다. 이는 그 자체로서는 합헌적인 행위였다.

그러나 무대 뒤에서는 왕의 비밀공작이 착착 진행되고 있었다. 1791년 4월, 미라보가 급사한 뒤 왕실의 비밀 상담역을 자청한 것은 바르나브, 뒤포르 등의 삼두파였다. 왕과 왕비는 삼두파의 '충고'를 듣는 체하면서 내심으로는 '강요당한' 헌법 및 성직자기본법을 결코 수락하지 않겠다는 결의를 굳히고 있었다. 왕비 마리 앙투아네트는 애인인 스웨덴 군인 페르센(Hans Axel von Fersen, 1755~1810)을 통해 유럽 여러 나라의 왕들에게 동맹군을 결성해 프랑스에 선전포고를 해달라고 부탁했다. 그녀는 오스트리아 대사에게 썼다. "제국諸國 회의를 서둘러 주세요. 우리는 왕국의 불행을 초래한 헌법을 유지하려는 생각도 없고 유지할 수도 없습니다. 따라서 여러 나라들이 우리를 구원하러 와줄 필요가 있습니다." 루이 16세도 1791년 연말, 프러시아 왕에게 "군사력의 뒷받침을 받는 유럽 주요 열강들의 회의"야말로 "우리를 괴롭히고 있는 악이 유럽의 다른 나라들에 파급되지 않도록 막아주는 가장 좋은 수단"이라고 호소했다.

1791년 8월 25일의 필니츠 선언Declaration of Pillnitz은 프랑스 왕실이 보낸 구원 의뢰에 대한 하나의 회답이었다. 오스트리아 황제—마리 앙투아네트의 오빠—와 프러시아 왕이 합작한 이 공동성명은 "프랑스 국왕의 현상"을 "유럽 전 주권자들에게 공통적으로 관련이 있는 것"으로 규정하고 때가 되면 "필요한 병력을 동원해 신속히 행동에 들어갈 것"이라고 밝혔다. 이 선언은 단순한 위협이고 제스처에 지나지 않았으나 망명귀족의 책동에 의해 마치 최후통첩인 것처럼 유포됐다. 전쟁을 피할 수 없다는 여론이 점차 형성돼갔다.

입헌군주정이 안정되기를 바라는 삼두파는 전쟁에 신중한 태도를 취했다. 전쟁은 왕을 망명귀족 편으로 몰아갈 것이라는 게 그들의 불안이었다. 군주정을 옹호한 바르나브, 라메트 등이 전쟁에 대해 냉정했던 것과는 반대로 민주주의적인 지향을 지닌 브리소, 베르니오 등의 지롱드파는 전쟁을 지지하는 선전을 맹렬하게 벌였다. 그들은 국왕이 전쟁 도발에 관련돼 있다는 것을 알고 있었으나 이 걸어온 싸움을 피하지 않고 맞받아침으로써 왕권의 본질을 폭로하고 반혁명파와 연결된 외국 세력에게도 일격을 가하려 했다.

"독일 제후들에 대한 공격을 망설일쏘냐. 우리의 명예, 우리 전체의 신뢰, 우리 혁명을 도덕적으로 드높이고 강화할 필요, 이 모든 것들이 우리에게 싸워야 할 의무를 부여한다.""새로운 십자군의 때가 왔다. 그것은 세계적인 자유를 위한 십자군이다." 브리소는 1791년 말에 격렬한 호전적 연설을 자주 했다. 지롱드파는 이를 통해 푀양파를 밀어내고 정권을 잡으려 했으나, 동시에 전쟁의 조건이 객관적으로 갖춰졌을 때 적극적인 호전론이 여론을 고조시킨 점도 또한 무시할 수 없었다. 브리소의 주장은 혁명의 수출론이고 즉각적인 세계혁명론이었다. 이런 주장이 러시아 혁명 직후에도 나타났는데, 레닌은 그것을 억눌렀다. 프랑스 혁명에서도 브리소파 및 여론에 반대하며 전쟁을 찬성하는 압도적인 조류에 거의 혼자서 맞섰던 인물이 있었다. 그가 로베스피에르다.

로베스피에르는 의원은 아니었기 때문에 오로지 자코뱅 클럽을 발판으로 삼아 활동했다. 그는 "전쟁이 망명귀족과 궁정, 라파예트파를 기쁘게 만들" 뿐이라고 주장했다. "브리소는 망명귀족의 근거지 코블렌츠(Koblenz. 독일 중서부 라인란트팔츠 주의 도시. 프랑스 혁명 당시 프랑스가 점령하고 있던 이곳에 프랑스 망명귀족들이 모여 반혁명을 모의했다. 루이 16세의 동생 프로방스 백작과 아르투아 백작이 1792년 이곳에서 공동으로 필니츠 선언을 발표했다—옮긴이)야말로 익의 근원이라고 했지만 악이 있는 곳은 코블렌츠만이 아니다. 그것은 여러분 속, 여러분 한가운데에 있다"고 했다. "진짜 코블렌츠는 프랑스에 있다"고 로베스피에르는 설파했다. "국민은 자유를 얻기 위해 필요하다면 전쟁을 결코 거부하지 않을 것이다. 하지만 자유를 지킨다는 구실로 자유, 아니 헌법 그 자체까지 말살하기 위해 제안된 전쟁의 모든 계획을 국민은 거절하는 것이다." 로베스피에르의 이 주장은 문제의 급소를 적확하게 찌른 정론이었다. 자코뱅 클럽은 그의 연설에 열광적인 박수를 보냈다.

로베스피에르는 혁명을 전쟁의 위에 두었다. "나라 바깥의 적을 상대로 유효한 전쟁을 수행하기 위해 먼저 절대로 간과해서는 안 될 일반적인 방책이 있다. 그것은 국내의 적과 전쟁을 수행하는 것이다." 브리소는 그렇지 않았다. 그는 전쟁을 혁명의 위에 두고, 전쟁을 통해 혁명을 국외로 확산시킬 생각을 했다. 그러나 이 브리소의 정책은 결과를 보장해줄 게 아무것도 없는 모험적인 정책이었다. 왕과 마리 앙투아네트는 강경한 전쟁론(개전론)이 날로 힘을 얻어가는 것을 만족스럽게 바라보고 있었다.

1792년 1월, 의회는 루이 16세에 대해, 독일 황제에게 필니츠 선언을 정식으로 취소하도록 요구하라는 결의를 통과시켰다. 지롱드파는 푀양파를 밀어내고 목표했던 대로 장관(대신)을 입각시키는 데 성공했으며, 전쟁으로 가는 길을 대담하게 닦아붙였다. 4월 20일,

짧게 쓴 프랑스 혁명사

왕은 의회에 보헤미아, 헝가리 왕에 대해 선전포고를 하자고 제안했다. 약 10표의 반대를 빼고 이 제안은 압도적 다수로 승인됐다.

그러나 준비부족 상태에서의 개전은 결국 패전으로 돌아왔다. 10만여 프랑스군을 지휘한 장군들은 원래 귀족들로, 혁명을 위해 진심으로 싸울 의지를 갖고 있지 않았고 오히려 왕실과 내통하면서 패전을 통한 혁명의 전복을 기대했다. 마리 앙투아네트는 적진에 작전도를 넘겼고 라파예트는 진군 중지명령을 내렸다. 장군들은 5월이 되자 전쟁수행이 불가능하며, 그 책임은 부대의 훈련부족에 있다고 열심히 떠벌였다. 그것은 거의 예정된 행동이었다.

패전의 틈새를 활용해 라파예트와 삼두파―바르나브는 이미 향리로 은퇴해 있었고 주로 뒤포르가 활약하고 있는 중이었다―가 고개를 치켜들고 있었다. 6월이 되자 왕은 지롱드파 장관을 파면했고 푀양 내각이 들어섰다. 지롱드파는 파리 시민의 데모를 조직해 이에 항의했으나 실패했다. 라파예트도 군사독재 체제를 수립하려는 책동을 벌였으나 성공하지 못했다. 프러시아군이 프랑스 국내로 침입했다.

## 2. 8월 10일 혁명

야당으로 밀려난 지롱드파는 왕을 공격하기 시작했다. 7월 초, 의회는 7월 14일의 바스티유 함락을 기념하는 연맹제(페데라시옹, fête de la Fédération)에 각지의 국민방위병이 집결하는 것을 허용했다. 베르니오와 브리소는 왕과 장관의 배신을 맹렬히 공격하면서 왕의 권리 박탈까지 암시하는 연설을 했다. 7월 11일, 의회는 '조국은 위기에 처했다'는 선언을 가결했는데, 그것을 막을 수 없었던 쾨양 내각은 그 전날 사직했다. 지롱드파는 다시 정권이 눈앞에 다가온 것을 보고 몰래 왕과 연락을 하기 시작했고, 이번에는 공화주의자들을 공격하면서 왕의 권력상실失權에 반대하는 태도를 취했다. 베르니오는 파리의 한 지구地區가 "(우리) 지구는 루이 16세를 이미 프랑스인의 왕으로 인정하지 않는다"고 결의한 것을 취소시켰으며, 마찬가지로 지롱드파의 일원이었던 이스나르(Maximin Isnard, 1751~1825)는 로베스피에르를 고발하라고 선동했다.

지롱드파는 쾨양파를 적대시하면서 동시에 혁명적 민중과 그 지도자들을 두려워했다. 그때 혁명의 중핵은 어디에 있었을까. 그것은 자코뱅 클럽과 파리의 4개 지구(섹션)와 각지에서 집합한 연맹군이었다. 귀족으로부터 경멸적으로 '상-퀼로트'(Sans-culotte. 몸에 달라붙는 짧은 바지인 퀼로트를 입지 않은 사람들, 즉 긴 바지를 입은 무리)라고 불린 민중이 다시 주역이 될 때가 왔다.

7월 11일 이후 로베스피에르는 '연맹군에게 보내는 호소'를 자코뱅 클럽에 제안해 승인을 얻었다. 그는 '헌법 유지'와 '법의 충실한 실시'를 주장하면서 연맹군이 의회에 청원문을 제출해 완전한 인민주권을 쟁취하자고 호소했다. 특히 그가 중시한 것은 국민을 '능동적 시민'과 '수동적 시민'으로 구별한 선거제도를 철폐하게 만드

여러 직업의 상-퀼로트.

는 것이었다. 연맹군은 차례차례 파리에 도착했다. 브르타뉴로부터, 마르세유로부터. 마르세유의 의용병들은 생탕투안 주변 거리를 루제 드 릴(Claude Joseph Rouget de Lisle, 1760~1836)이 만든 군가를 부르며 행진했다. "자, 조국의 아들이여. 영광의 날이 왔다"라는 구절로 시작되는 이 노래는 나중에 프랑스 국가가 됐다.

연맹군은 중앙위원회와 비밀 지도부를 만들었는데, 지도부에는 파리 시민도 참가해 지구와의 연락을 유지했다. 48개 지구 중에서 47개 지구가 왕의 실권失權(국왕의 폐위)에 찬성하고 새로운 행정 기관 설립을 요구했다. 그러나 로베스피에르는 행정담당자 교체로는 문제가 처리되지 않는다고 지적했다. "병의 근원에까지 거슬러 올라가야 한다.⋯⋯ 우리 병의 주요 원인은 행정권과 동시에 입법권에 있다." 그는 보통선거로 새로운 헌법제정의회—아메리카류의 이름을 흉내 내 국민공회Convention nationale로 불렸다—를 만들 필요기 있다고 역설했다.

8월 1일, 프랑스를 공격하는 프러시아군 총사령관 브룬슈빅 공(브라운슈바이크, Karl Wilhelm Ferdinand, Herzog von Braunschweig-Lüneburg und Fürst von Braunschweig-Wolfenbüttel, 1735~1806. 영어로는 브룬스윅 공Duke of Brunswick)은 마리 앙투아네트가 원하는 것을 받아들여 자코뱅파를 위압하기 위한 선언문을 발표했다. 선언문은 "아무리 사소한 위해"가 왕실에 가해지더라도 파리는 "계엄령과 전면적 파괴"하에 놓이게 될 것이라는 점을 명기明記하고 있었다. 파리의 각 구區는 국왕의 폐위를 요구하는 청원서를 의회에 보냈지만 의회는 여전히 왕권에 대한 결정적인 행동을 망설였고, 8월 9일에는 군사독재를 계획한 라파예트의 책임 추궁도 최종적으로 거부했다. 민중의 요구는 무시당했다. 그러나 이것이 최후의 신호였다. 그날 밤 파리 전 시가지에 경종이 울려 퍼졌다.

생탕투안의 민중은 다른 지구에 호소해, 시청에 제각각 위원을 파견하도록 했다. 시청에는 정규 자치조직이 있었으나 위원들은 '봉기' 콤뮌(시 자치위원회)을 별도로 결성했다. 10일 아침 민중이 연맹군과 함께 튈르리 궁으로 들어가 공격을 시작하자 궁전에서는 국민방위병이 수비를 포기했고, 왕은 권유에 따라 의회로 피난했다. 궁전에는 스위스인 용병들이 남아 혁명군과 교전했다. 전투가 계속되는 가운데 의회는 루이 16세를 국왕으로 대우했으나 봉기군이 승리를

1792년의 튈르리 궁 공격(자크 베르토오 그림).

거두자 의회는 왕의 실권(왕권 상실)이 아니라 권리정지를 결정했다. 콤뮌은 왕과 그 가족을 탕플<sup>Temple</sup> 수도원으로 옮기고 감시에 들어갔다. 이렇게 해서 '제2차 혁명'은 성공했다.

    8월 10일의 혁명은 전쟁을 통해 혁명을 압살하려 했던 왕권의 기도가 빚어낸 필연적인 결과였다. 전쟁으로 압살당한 것은 혁명이 아니라 바로 군주정이었다. 왕권은 몰락했다. 이것은 통렬한 역사의 아이러니다. 혁명적 민중은 국왕의 바렌 도망 이후의 사태를 보면서 '군주정'과 '애국'은 별개의 것이며, '군주정'을 무너뜨리지 않고서는 '애국자'가 될 수 없다는 사실에 대한 심각한 교훈을 얻었다. 이 교훈은 몇 개월 뒤에 다시 살아나게 될 것이었다.

하지만 혁명의 추진력이었던 '봉기' 콤뮌은 즉각 권력을 장악하고 혁명적 시책을 펼치려고 하지는 않았다. 무명의 민중들로 구성된 콤뮌은 소박한 지방의 국민들을 놀라게 만들지나 않을까 두려워했다. 지방에서는 지롱드파 의원들이 여전히 인기를 얻고 있었다. 의회는 지롱드파의 전 장관 당통(Georges Jacques Danton, 1759~1794)을 임시 행정담당자로 뽑아 40일간 그 체제를 유지했다. 입헌파 및 온건파는 도망갔고, 남은 300명이 채 못 되는 의원들은 혁명의 압력 아래 급진적인 개혁을 일정에 올렸다. '법률혁명'이 아니라 '사회혁명'이, 부르주아적인 개혁이 아니라 민중적인 개혁이 여기서 시작됐다.

8월 10일 혁명의 직접적인 결과는 무엇보다 봉건제의 완전한 일소였다. 이미 얘기했듯이 1789년 8월 4일의 결의에 토대를 둔 개혁은 이른바 '봉건제'를 고유의 신분적 권리라는 좁은 틀에 집어넣어 그 틀 안에 들어가는 것만을 폐지하는 방법이었다. 이 개혁은 그 뒤 실시과정에서 여러 부대조건이 붙어 8월 4일 밤의 정신대로 실현되진 않았다. 예컨대 어떤 종류의 부담을 농민들이 털어버리기 위해서는 그 부담이 영주의 비합법적인 수탈 때문이라는 증거를 농민 쪽에서 제출해야 했고, 그렇게 하지 못할 경우 부담은 철폐되지 않았다. 이에 반해 영주 쪽은 과거 40년간 그 권리를 계속해서 행사해왔다는 것을 두 사람의 증인을 앞세워 입증하기만 하면 유효한 것으로 인정받았다. 농민 쪽의 입증은 불가능하진 않았으나 매우 어려웠다.

1791년 말부터 1792년 봄에 걸쳐 농민투쟁이 심각해진 것은 이 때문이었다. 어느 지방의 농민집회는 의회를 향해 "여러분은 여러분의 법령에 따라 봉건제도를 절멸했다고 선언했지만 여러분은 바로 그 정반대의 일을 했다." 오직 20년 또는 25년 분의 봉건지대를 일괄해서 지불할 수 있는 지주와 부농만이 봉건제하에서 자신을 해방할 수 있었다. 그러나 농민의 근간을 이루는 중농中農이나 빈농은 자신들의 재산 중 일부를 잃지 않고서는 봉건적 부담으로부터 해방될 수 없었다. 부르주아적 상식으로 보자면, 이 개혁방식은 정당한 것이었다. 그것은 농민을 부농과 농업 프롤레타리아라는 2대 계급으로 분해해서 농업의 자본주의화를 발전시키는 셈이 된다. 그러나 이 방식은 레닌이 러시아 농민들에 대해 지적했듯이 농민들에게 매우 큰 고통을 안겨준 근대화였다. 러시아 농민들이 그랬듯이 프랑스 농민들도 이런 방식을 받아들이려 하지 않았다.

입법의회는 각지의 농민폭동에 떠밀려 1792년 봄부터 새로운 입법조치에 착수했다. 6월 18일 법령은 농민이 부담하는 봉건지대 중에서 임시적 성질을 지닌 것, 예컨대 토지검사료檢地料·토지매매세 등은 무조건 철폐하기로 했고, 이에 불복하는 영주는 자기 권리가 정당하다는 증거를 제출하도록 했다. 이것은 중요한 전진이었다. 그리고 그 뒤에 8월 10일의 혁명이 일어났다.

8월 10일 직후, 8월 20일과 25일에 발령된 법령은 "국민의회는 봉건제도의 폐지에도 불구하고 그 결과들이 존속되고 있는 것을 감안해," "모든 영주적 권리들은 그 성질 및 명칭 여하를 불문하고……배상 없이 금지된다"고 선언했다. 신분상의 권리인가 물적 권리인가, 또한 임시적 권리인가 경상(經常, 항상)적 권리인가라는 어려운 법률가적인 구별은 일소됐다. 단순 솔직하게 얘기해서, 농민을 짓누르던 모든 영주권은 혁명적으로 제거된 것이다. 그렇지만 이 법령은 약간의 유보조건을 여전히 남겨두고 있었다. 그것은 영주가 순수한 매매계약을 통해 사들인 토지에 대해서는 지대 징수를 할 수 있다는 조건이었다. 이 문제는 약 1년에 걸쳐 해결된다. 또 8월 28일의 법령은 그때까지 영주가 몰수하고 있던 농민 공유지를 농민에게 돌려준다는 점을 확인했다. 이런 정책들은 수백만 명에 이르는 중산층 농민을 해방하는 동시에 귀족계급에게 결정적인 타격을 가했다.

농민과의 관계에서 제헌의회는 교회영지의 '몰수=국유화'를 단행하고 그것을 매도하기로 결정했는데, 그 매도방법은 일련의 농지들을 일괄 경매에 부치는 방식이었다. 말할 필요도 없이 이 방법은 지주나 상인, 부농들에게 유리한 것이었다. 게다가 국유재산 매수買收의 경우 아시냐는 액면대로 사들일 수 있도록 했기 때문에 매도는 예상외로 순조로웠다. 하지만 이것은 중·소 농민들의 농지 획득을 어렵게 만들었다. 북부 프랑스에서는 농민들이 조합을 만들어 일괄 매수 입찰에 참가해 일단 매수한 뒤 그것을 분할한 사례가 많지만, 의회는 이 집단 매수방법도 금지했다.

1792년 2월, 지롱드파는 농민폭동에 대처하고 망명귀족들에게 단호한 결의를 보여줘야 할 상황에 내몰리자 망명자들의 재산을 국가가 관리하도록 하는 조치를 취했다. "망명귀족의 재산은 그들이 야기惹起한 모든 종류의 손해와 지출에 대한 당연한 담보물이다." 이것은 교회재산에 이은 제2차 재산몰수였다.

8월 10일의 혁명 뒤 이 두 종류의 국유재산 매도 방법이 당연히 문제가 됐다. 8월 14일의 법령은 "농촌 주민들을 혁명 쪽으로 끌어들이기" 위해 국유재산 토지를 한 필지씩 분할해서 매도하는 것을 인정했다. 이는 혁명의 커다란 전진이었다. 망명자 재산은 교회재산에 거의 필적할 정도로 방대했기 때문이다. 농민들은 금액상으로는 부르주아들에게 미치지 못했지만 매수인 수에서는 훨씬 다수를 차지할 수 있게 됐다. 이렇게 해서 토지 부족에 시달려온 농민들은 완전히 자립적인 농민, 이른바 분할지 농민으로 성장하게 된다.

하지만 주목해야 할 것은, 이 경우에도 경매제와 개인단위의 원칙이 유지되고 있었다는 점이다. 직접생산자가 경작에 필요한 것만을 법정가격으로 입수할 수 있었던 것이 아니라, 상인이든 농민이든 가장 높은 가격을 부른 자가 낙찰받을 수 있었다. 따라서 현실적으로 망명자 재산을 사들일 수 있었던 농민들은 이미 어느 정도의 토지를 갖고 있는, 상당히 부유한 중농中農 이상의 농민들로 한정됐다. 빈농이나 농업노동자들은 연부年賦상환의 혜택이 주어져 있었음에도 토지소유 농민이 된 예가 매우 드물었다. 이 점은 2년 뒤에 다시 문제로 떠오르게 된다.

8월 10일 혁명의 제2의 결과는 민중의 높은 사기가 계속 이어졌다는 점이다. 그런데도 봉기 콤뮌은 승리를 거둔 뒤 곧바로 권력을 조직하려 하진 않았다. 로베스피에르는 8월 10일 밤, 콤뮌이 용감하게 자신의 책임을 다해야 하며 "자유를 확보하지 않은 채 무기를 놓아버리는 것은 조심성 없는" 짓이라며 혁명적 독재의 필요성을 암시했으나 성공하지 못했다. 대다수가 수공업자들이었고, 신문기자와 변호사와 숙박업소 주인 등을 포함한 2백 수십 명으로 구성된 콤뮌은 봉기하는 데는 용감했으나 통치를 조직하는 일에는 망설였다. 그들은 의회의 권위나 지롱드파 의원들의 지식과 변설, 명성에 압도당했다. 대표하는 자와 '대표되는 자=민중'의 미묘한 관계, 정치의 깊은 비밀 가운데 하나가 여기에 있다.

그러나 연맹군과 지구 소속 사람들은 복수를 요구했다. 그들 무리 중에서 1천 명 가까이가 전투 중에 죽거나 다쳤다. 전투가 끝난 뒤 스위스인 용병에 대한 학살이 자행됐는데, 도망친 이들이 의회에 도움을 요청했다. 민중은 그들을 즉각 재판에 회부하라고 요구했다. 지구 대표 중의 한 사람이 의회에서 연설했다. "나는 이 법정을 튈르리의 궁에서 열자고 요구한다. 인민의 피를 더없이 갈망하는 루이 16세와 마리 앙투아네트가, 그들의 수치스러운 부하들의 피가 흐르는 것을 실컷 구경하게 하자고 나는 요구한다." 의회는 어쩔 수 없이 특별법정 설치를 승인했다.

8월 말이 되자 정세가 긴박해졌다. 파리의 지구들 중에서 부유한 상인들이 지배하는 지구는 다른 지구들을 꾀어내 콤뮌에 대한 반항운동을 시작했고, 그것은 지방에도 파급돼 8월 23일에는 독일과의 국경 가까운 도시 롱위<sup>Longwy</sup>가 15시간의 포격을 당한 끝에 함락당했다. 베르됭<sup>Verdun</sup> 포위도 임박했고 방데<sup>Vendée</sup> 등에서는 왕당파의 봉기가 시작됐다. 8월 28일, 콤뮌은 반혁명 혐의가 있는 시민들로부터 무기를 압수하기 위해 가택수색을 하도록 명령했고 의회는 이를 승인했다. 이틀 동안 혐의자들을 수색해 3천 명이 체포, 투옥됐다.

9월 2일 아침, 파리와 국경 사이에 있는 최후의 요새 베르됭이 포위당했다는 통지가 왔다. 콤뮌은 격문을 띄웠다. "시민들이여, 무기를 들어라, 무기를 들어라. 적은 바로 문 앞까지 다가왔다. 즉각 여러분의 깃발을 내걸고 행진하라. 샹 드 마르스에 집결하자!" 의용병들이 속속 모여들어 전선을 향해 진격할 준비를 했다. 당통은 의회에서 열변을 토했다. "지금 울리고 있는 경종은 결코 경계의 신호가 아니다. 조국의 적들에 대한 공격이다. 여러분, 그들을 쳐부수기 위해서는 용기가, 더욱더 용기가, 항상 용기가 필요하다. 그러면 프랑스는 구원받을 것이다!"

의용군은 진격을 앞두고 반혁명파 책동의 위험을 통감하고 있었다. 샹 드 마르스에 집결했을 때 그들은 벽에 붙은 마라의 격문에 눈을 빼앗겼다. 거기에는 '감옥에 가서 인민의 적들을 응징하지 않고 출발해서는 안 된다고 적혀 있었다.

오후부터 학살이 시작됐다. 투옥당한 선서거부 성직자들은 연맹군과 한 무리의 시민들 손에 차례차례 살해당했다. 학살은 각지의 감옥에서도 이어져 1200명에서 1400명의 사망자를 냈다. 어느 부르주아 부인은 남편에게 이런 편지를 써 보냈다. "인민이 들고 일어났습니다. 분노에 떠는 인민들이 3년간의 가장 수치스러운 배신의 죄에 대해 보복하고 있는 것입니다!" 이 부인은 이렇게 덧붙였다. "나는 한층 더 마음을 놓고 이렇게 외치겠습니다. 승리는 우리의 것입니다!"

9월의 학살은 외적外敵과 반혁명파의 양면 공세에 내몰리고 있다고 느낀 민중의 본능적인 저항이었다. 의회는 기피 성직자의 구류와 유형流刑을 정한 법률을 발효시켜 호적사무를 교회에서 거둬들임으로써 성직자에 대한 국가통제를 강화했다.

8월 10일 이후 드높아진 혁명적 애국주의는 제3의 결과를 초래했다. 베르됭을 점령한 프러시아의 브룬슈빅(브룬스윅) 군대가 10월

초에는 파리를 함락하리라는 것이 외국에서 들려오는 한결같은 소문이었다. 그러나 프랑스 군대를 너무 가볍게 여겼던 브룬슈빅은 9월 12일이 돼서야 프랑스군과 교전할 지점까지 진격했다. 프랑스군은 북부전선사령관 뒤무리에(Charles Francois Dumouriez, 1739~1823)와 로렌Lorraine 방면 군사령관 켈레르만(Kellermann duc de Valmy, Francois-Christophe, 1735~1820)이 합류할 수 있었고, 그 병력 5만과 이에 대적하는 프러시아군 3만 4천이라는 세력판도가 짜여졌다.

9월 20일 정오가 가까운 시각, 프러시아군 보병이 켈레르만군이 포진한 발미Valmy 언덕 앞에 산개했다. 포격이 시작됐다. 프러시아 왕은, 군주가 중심을 잡고 있지 않은 군대는 대포소리만 들어도 잠시도 버티지 못하고 패주할 것이라고 예상했다. 그러나 상-퀼로트의 군대는 패주하기는커녕 오히려 투지를 더욱 불태웠다. 켈레르만은 칼 끝에 모자를 걸고 흔들면서 "프랑스 국민 만세!"를 외쳤다. 이 외침이 대대에서 대대로 퍼져나갔다. 프러시아 보병은 전진하기를 주저했고, 브룬슈빅은 공격이 실패로 끝났다고 판단했다.

이 전투는 전술상의 승리는 아니었다. 이 발미 전투는 적군의 정신을 완전히 압도한 '정신의 승리'였다. 이 전투를 프러시아군 야영지에서 관전하고 있던 괴테는 "이곳에서부터, 그리고 이날부터 세계사의 새로운 시대가 열렸다"고 썼다. 혁명적 민중은, 그들이야말로 애국자라는 사실을 스스로 실증했다. 프러시아군은 정전停戰한 뒤 퇴각하기 시작했다.

발미의 승리 그다음 날은 때마침 입법의회를 대체하는 새로운 국민공회Convention nationale가 수립되는 날이기도 했다.

# 6장 혁명과 민중
## (1792~1794)

## 1. 혁명파 내부의 싸움

혁명은 일찍이 절대왕정이 몸에 걸치고 있던 장엄하고 신비로운 베
일을 하나하나 벗겨냈다. 먼저 귀족의 특권을 제거하고, 교회재산을
몰수했으며, 마지막으로 왕관까지 박탈했다. 드러난 국가의 내부에
는 부르주아지와 민중만이 남았다. 그들이 어떤 형태로 무엇을 이상
으로 삼고 새로운 국가조직을 만들어낼 것인가. 이것이 남겨진 문제
였다.

국민공회는 성립과 동시에 산악파Montagnard의 제안으로 왕정 폐
지를 결정하고, 9월 21일에는 기독교 기원을 폐지했으며, 이후는 '공
화국 제1년'으로 부르기로 했다. 혁명은 낡은 프랑스와 절연했다. 동
시에 또 의회는 독재제獨裁制와 농지법loi agraire―토지균분제―에 대한
반대도 만장일치로 채택했으며, 의회주의와 사유재산제를 옹호할
것임을 명백히 했다. 이렇게 해서 새로운 프랑스의 노선이 정해졌다.

그러나 겨우 3일간의 휴전 뒤 의회에서는 지도자 간의 대립이
표면화했다. 이 대립은 몇 개월 전의 개전開戰문제를 둘러싼 브리소
와 로베스피에르의 논전의 연장이었다. 이 대립을 양쪽은 이렇게 표
현하고 있다. 먼저 브리소는 이렇게 썼다. "조직파괴자들(로베스피에
르, 마라 등을 가리킨다)은 재산도 안락도 물가도 사회에 대한 여러 공

헌도, 기타 모든 것을 평등화하려 하며,…… 재능이나 지식, 덕성까지 평등화하려는 사람들이다. 그것은 그들이 그런 것들을 전혀 갖고 있지 않기 때문이다." 8월 10일의 혁명으로 인민은 자유롭게 됐다. "이제 인민은 무엇을 바랄 것인가. 그것은 국내의 평화와 안정平靜이다. 왜냐면 이 평화와 안정만이 재산 소유자에게는 그 재산을, 노동자에게는 일을, 가난한 자에게는 나날의 빵을, 그리고 만인에게 자유의 향유를 보장하기 때문이다."

그러나 같은 시기에 로베스피에르는 이렇게 썼다. "왕권은 파멸을 겪고 귀족과 성직자는 소멸했으며, 평등의 지배가 시작될 것이다." "공동의 적이 쓰러진 오늘, 애국자라는 이름 아래 혼동을 불러일으키는 사람들은 필연적으로 두 개의 부류部類로 나뉠 것이다. 오늘까지 그들의 혁명적 열의를 충동질해온 동기의 성질이 무엇이냐에 따라, 한쪽은 자기 자신들을 위해 공화국을 만들려 할 것이고, 또 다른 한쪽은 인민을 위해 공화국을 만들려 할 것이다." 자신들을 위해 공화국을 만들려고 하는 "거짓 애국자들"은 "부자와 관리의 이익"밖에 생각하지 않겠지만 "진정한 애국자들"은 "평등과 일반이익의 원칙" 위에 공화국을 세우려 할 것이다. 물론 로베스피에르가 지향한 건 후자였다.

브리소와 로베스피에르의 대립은 국민공회의 지롱드파와 산악파(몽타뉴Montagnard, Montagne파, 의석이 가장 높은 곳에 있었기 때문에 이런 이름이 생겼다)의 대립이 됐다(지롱드파는 160명, 산악파는 200명, 나머지 400명 가까이가 '평원'파 또는 '늪지沼澤'파로 불린 중간파였다). 지롱드파는 브리소, 베르니오 외에 롤랑(Jean-Marie Roland, vicomte de La

Platière, 1734~1793. 그의 아내는 지롱드파 리더였던 '롤랑 부인=마농 롤 랑Madame Roland', 1754~1793), 콩도르세, 페티옹, 뷔조 등을 거느리고 있었고, 산악파는 로베스피에르, 마라, 당통, 생쥐스트, 비요 바렌 (Jacques Nicolas Billaud-Varenne, 1756~1819), 콜로데르부아(Jean-Marie Collot d'Herbois, 1749~1796) 등이 소속돼 있었다.

이 두 당파가 객관적으로 어떻게 이해利害를 표출했는지에 대해 서는 혁명사가들 사이에 의견이 갈린다. 올라르, 마티에, 르페브르, 게랭(Daniel Gurin, 1904~1988) 등이 각기 다른 의견들을 내 다투고 있는데, 결론적으로 얘기하면 이 대립은 봉건제와 자본주의의 대립 이 아닌 것은 물론이고 자본가와 노동자의 대립이 표출된 것도 아니 었다. 그것은 혁명을 일으켰던 부르주아파 속의 2개 분파의 대립이 었을 뿐이다. 두 파는 글자 그대로 생명을 걸고 격돌했으나 그것은 한쪽은 혁명적이고 다른 쪽은 반혁명적이라는 식의 대립의 결과는 아니었으며, 오히려 기본적으로는 동일한 기반 위에 선 자들끼리의 반발이었다.

동일한 기반이라고 한 것은, 두 파가 모두 부르주아 또는 부르 주아 인텔리들로 구성돼 있다는 것만을 가리키는 것은 아니다. 그보 다는 두 파 모두 사유재산제와 그 경제관계를 기본적으로 시인하고 있다는 점에서 그렇다. 토지 또는 재산의 평등분배를 요구하는 농지 법 운동—이것은 과격파들이 주장했고 바뵈프(François-Noël Babeuf, 1760~1797. 그라쿠스 바뵈프Gracchus Babeuf로도 알려졌다)가 이어받았 다—에 대해서는 이미 살펴봤듯이 두 파 모두 명확하게 거부하는 태 도를 취했다. 로베스피에르는 농지법에 대해 말했다. 그것은 "사악

프랑수아-노엘 바뵈프.

한 사람들이 어리석은 자들에게 내민 터무니없는 요괴"에 지나지 않으며, "역시 우리는 재산의 평등이라는 것은 한낱 꿈일 뿐이라 믿고 있다."

그러면 두 파를 구별한 동기는 어디에 있었던가. 그것은 현실에 대한 대응 방식, 즉 주체적 조건의 차이였다. 이 점은 먼저 그들의 정치행동을 배양해낸 사상적 배경의 차이 때문에 나타난 것이라 할 수 있다. 지롱드파는 백과전서파, 튀르고의 제자들이다. 브리소처럼 영국에서 애덤 스미스의 영향을 받은 자들도 있는데, 그들은 명백히 경제적 자유주의의 '사도'로서 행동했다. 이에 대해 산악파는 루소의 문제의식과 이론의 계승자들이었다. 북프랑스 출신 변호사 로베스피에르는 산책하고 있는 만년의 루소를 살짝 엿본 감격을 '루소에게 보내는 헌사'에 썼는데, 그것을 정치생활을 시작하는 출발점으로 삼았다. 마라도 생쥐스트도 모두 이 인민의 정치적 해방이라는 루소적 과제에 충실했다.

딛고 선 사상의 차이는 정치행동이나 정책의 차이를 낳는다. 지롱드파는 현존하는 재산관계나 사회계층제를 전체적으로 유지하고 안정시켜 혁명을 그 이상으로 전진시키지 않겠다는 입장을 취했다. 8월 10일의 혁명은 기정사실로 인정했으나, 민중행동이나 권력 강화는 일시적인 비상수단에 지나지 않는 것이므로 그것들을 가능한 한 속히 해제해서 평화롭고 안정되며 자유로운 상태로 바꿔야 한다고 그들은 생각했다. 베르니오가 말했듯이 "인민은 박수를 쳐주는 관객에 지나지 않는다"는 것이었다. 바로 그렇기 때문에 루이 16세의 처형을 막으려 했고, 또한 푀양파에 접근하려 했던 것이다.

산악파는 그 정반대다. 그들은 위기나 비상수단 속에서 혁명을 전진시킬 기회를 포착했다. 급진파에게는 위기야말로 자신들의 버팀대가 된다. 그들의 주요 공격목표는 부자들이었다. "부자는 인민의 재앙이다"(로베스피에르). 큰 재산가들을 소멸 내지 억제하고 가능한 한 많은 사람들을 재산소유자로 만들 필요가 있다. 자립적인 근로농민이나 수공업자를 중심으로 평등하고 자유로운 공화국을 만드는 것—공화정 로마의 부활—이것이 산악파의 이상이었다. 그러나 이 목적을 실현하기 위해 그들이 유물적인 태도를 취해 재산관계의 직접적인 변경을 꾀했느냐 하면, 그렇진 않았다. 그들은 그 해결책을 정치와 동시에 도덕 속에서 찾았다. 정치적으로는 독재와 공포정치 terreur가 필요하다는 것이었고, 도덕적으로는 미덕을 강조하고 국가종교(최고존재l'Être suprême의 숭배)를 수립하는 것이었다. 루소가 그랬듯이 그들도 또한 관념론자였다. 로베스피에르는 말했다. "사회 구성원들이 노동으로 필수품과 식량을 확보할 수 있도록 해주는 임무를 사회가 일단 수행하는 이상…… 재산을 열망하는 자는 자유의 벗이 아니다.…… 많은 부패를 초래하는 부富는 그것을 갖지 못한 사람보다 그것을 가진 사람들에게 더 유해하다."

국민공회를 지배한 것은 지롱드파였다. 그들은 산악파의 지도자 마라, 당통, 로베스피에르를 실각시키 위해 마라, 로베스피에르에 대해서는 독재를 시도하고 있다고 공격하고, 당통에 대해서는 오직(汚職, 독직)을 범했다고 공격했다. 8월 10일의 혁명과 민중봉기에 대해 그 책임을 추궁당한 로베스피에르는 이렇게 대답했다. "이 모든 것은 혁명이 비합법인 것과 같다. 왕위와 바스티유에 대한 공격도 비합법이며, 자유 그 자체도 비합법이었다. 혁명 없이 혁명을 바랄 수는 없다." 로베스피에르는 논전에서 이겼고 지롱드파는 패배했다.

국민공회의 다음 과제는 국왕 재판 문제였다. 루이 16세가 혁명에 적대하고 외국과 몰래 반혁명을 모의(通謀)하고 있었던 것은 명백했다. 지롱드파의 바람은 왕의 재판을 연기하는 것이었으나, 11월이 되자 이 문제를 의사일정에 올리는 것을 피할 수 없게 됐다. 11월 20일에는 튈르리 궁전 안에 있던 비밀 장롱이 발견돼 국왕과 외적(外敵) 간의 통모(通謀)에 관한 명백한 증거(비밀 문서)가 드러났다. 이것은 루이16세의 지시로 비밀 철제 장롱l'armoire de fer을 만든 자물쇠공 가망이 왕비한테서 포도주와 비스킷을 대접받아 먹고 나서 심한 복통을 일으킨 결과였다. 그는 틀림없이 독살 음모에 걸려들었다고 확신한 나머지 약 1년 뒤 내무대신 롤랑에게 통보했다.

논전에서는 산악파가 우세했다. 약관 25살의 생쥐스트는 11월 처녀연설에서 국왕재판은 가능하다며, 왕의 불가침을 주장하거나 왕을 한 시민으로 재판해야 한다는 주장은 모두 잘못됐다는 점을 분명히 했다. "사람은 죄 짓지 않고는 왕이 될 수 없다." 왕의 존재는 그것 자체가 악이며, 인민주권과 양립할 수 없다. 왕의 범죄는 왕권신수설처럼 왕의 절대불가침을 인정하고 그것을 허용하든지, 아니면 '적'으로 처단하든지 둘 중의 하나다. "나는 그 중간은 인정할 수 없다. 이 남자는 왕으로서 통치하든지, 아니면 죽어야 한다."

이어 로베스피에르는, 루이 16세는 재판의 대상조차 될 수 없다는 냉엄한 논리를 전개했다. "이것은 재판의 문제가 아니다." 왜냐하면 재판은 유죄인지 무죄인지를 결정하는 것이어서, 그것 자체가 무죄의 가능성을 전제로 하고 있다. 하지만 공화정 수립이라는 것 자체가 루이를 이미 재단하고 단죄한 것이다. 8월 10일 이후는 자연법과 인민의 안전 이외에 어떤 것도 존재하지 않는다. 따라서 "조국은 생존해야 하기 때문에, 루이는 죽어야 한다."

지롱드파는 방해전술로 나왔다. 그들은 오를레앙 공까지 포함한 부르봉 왕가Maison de Bourbon 전원을 처벌하라고 요구해 산악파를 곤혹스럽게 만들었다. 오를레앙 공은 산악파의 일원이었기 때문이다. 이어서 그들은 그토록 중대한 결정에는 인민의 동의를 얻을 필요가 있다고 했으나, 바레르(Bertrand Barere de Vieuzac, 1755~1841)는 거기에 대해 강력한 반론을 폈다. 마지막으로 지롱드파는 왕의 처형은 프랑스에 적대하는 광범한 군사동맹을 촉발할 것이라고 경고했다. 그러나 애국주의가 고조되는 상황 속에서는 그런 주장도 효과가 없었다.

최종결정은 1793년 1월 14일, 의원들이 등단해 의견을 진술하는 형식으로 이뤄졌다. 루이 16세의 유죄는 전원일치로 인정됐고, 인민에 대한 상소(인민의 동의를 받는 것—옮긴이)는 부결됐다. 루이 16세의 처벌을 결정하는 투표는 16일 밤에 시작돼 24시간 이어졌다. 의원 721명 중에서 387명이 사형에 찬성했고 334명이 반대했다. 그러나 찬성자들 중에 26명은 집행유예를 검토해야 한다는 조건을 달았다. 이 26명을 반대표 쪽으로 가산하면 찬반은 거의 동수가 된다. 그리하여 집행유예에 대한 투표가 1월 18일 치러졌고, 그 결과는 380대 310으로 부결됐다. 사형은 확정됐다.

재판기간 중에 의회 바깥의 흥분은 고조됐고, 왕당파는 공포를 부채질했다. 산악파의 한 의원은 암살당했으며, 어느 관리는 은행가의 원조로 200만 리브르를 뿌리며 의원들을 매수하려 했다. 그들은 최후의 순간까지 희망을 버리지 않았다.

1월 21일 아침, 콤뮌은 모든 국민방위병을 동원해 처형장까지 가는 길을 경비하게 했다. 처형은 '혁명의 광장'(현재의 콩코르드광장)에서 기요틴(단두대)으로 집행됐다. 오랜 세월 전통과 신비로운 권위를 지녀온 왕권은 이제 결정적으로 매장당했다. 민중은 군주정이라는 거북스러운 학교를 완전히 졸업했다.

다음 문제는 대외정책이었다. 지롱드파는 국내의 평화를 바랐으나(바랐다기보다 바로 그것을 확보하기 위해) 대외적으로는 강경책을 취했다. 국내문제로 잃어버린 여론을 전쟁으로 되돌리려고 했던 것이다. 전쟁상황戰局을 보면, 발미 전투Bataille de Valmy의 승리에 이어 1792년 11월 18일 벨기에령 제마프Jemappes에서 뒤무리에가 지휘하는 4만의 프랑스군이 오스트리아군을 격파해 벨기에에서 철수하게 만들었다. 〈라 마르세예즈〉를 소리 높이 부르면서 해일처럼 진격하는 상-퀼로트의 '인민전쟁'은 그때까지의 전쟁관을 무너뜨렸다.

승리의 결과로 벨기에와 라인지방 등의 점령지를 어떻게 처리할 것인가 하는 문제가 발생했다. 점령지의 구제도를 파괴하는 것에

루이 16세가 단두대에서 처형되는 모습.

는 이론이 없었다. 그러나 누가 구제도를 뒤엎을 것인가. 점령군인
가, 주민인가. 프랑스군의 비용은 누가 충당하는가. 프랑스 국민인
가, 점령지의 주민인가. 마지막으로, 점령지의 독립을 인정해야 할
까, 그렇지 않으면 프랑스에 합병해야 할까. 이런 것들은 전쟁과 점
령이 있으면 당연히 발생하는 문제였다.

　　대외문제에서는 주도권을 지롱드파가 쥐었고 산악파는 그것을
지지하거나, 로베스피에르가 그랬듯이 침묵을 지켰다. 제마프의 승
리가 가져다준 열광 속에서 국민공회는 "스스로 자유를 회복하려는
모든 국민들에게 우애와 구원의 손을 내민다"는 법령을 가결했다.
이것은 혁명의 수출이며 군주정 유럽에 대한 도전이었다. 브리소는

썼다. "우리는 유럽, 전 유럽이 전쟁의 불길戰火 속에 내던져져야만
평화와 안정을 얻게 될 수 있을 것이라 생각한다." 예의 그 호전적인
태도였다.

국민공회는 프랑스 주변에 프랑스와 우호관계를 맺는 공화국
이 생겨나기를 바랐으나 각국 내부에서 혁명이 일어나기를 기대하
기는 어려웠다. 사부아Savoie는 구제도를 폐기하고 프랑스로의 합병
을 요구했으나, 벨기에서는 교회세력이 강해서 혁명은 일어나지
못했고 오히려 점령군의 철수와 독립을 요구하는 소리가 높았다. 군
비 부담으로 고민하던 프랑스는 재정가 캉봉(Pierre Joseph Cambon,
1756~1820)의 제안에 따라 점령군이 교회 · 왕공王公의 재산을 몰수하
고 세제개혁을 하기로 결정했으며(12월 15일), 혁명을 강제적으로 수
출하려 했다. 1793년 1월에는 니스Nice가 합병됐다. 당통은 벨기에
도 이 정책을 적용하고, 프랑스 공화국을 "자연이 표시하고 있는" 경
계까지 확대해야 한다고 주장했다. 3월에는 마침내 라인 좌안 및 벨
기에와의 합병이 실현됐다.

이 정책은 당연히 반작용을 불러일으켰다. 피트(William Pitt,
1759~1806. 프랑스 혁명 당시 영국 총리. 대프랑스동맹을 이끌며 프랑스 혁
명의 파급을 막으려 했던 인물—옮긴이) 총리가 이끈 영국은 프랑스가
벨기에 점령 뒤 네덜란드를 노리고 있는 것을 보고 긴장했다. 루이
16세 처형은 좋은 구실을 영국에게 제공했다. 영국은 프랑스에 대한
상품 수출을 중지했다. 결국 2월 1일, 국민공회는 브리소의 제안에
따라 영국 및 네덜란드에 대해 선전포고했다. 군주제의 정서가 강했
던 스페인도 혁명 프랑스와 대립했다. 국민공회는 3월 7일 스페인에

선전포고했다. 로마와의 단절은 이미 기정사실이었으나 나폴리, 토스카나Toscana, 베네치아와의 단교가 뒤를 이었다. 그리하여 프랑스는 스위스와 스칸디나비아 국가들을 뺀 전 유럽과 전쟁에 돌입할 수밖에 없었다.

프랑스를 적대하는 국가들은 봄부터 여름까지 영국을 중심으로 한 동맹관계를 서서히 구축했다. 이것이 제1차 대프랑스對佛 동맹이다.

지롱드파와 산악파 대립의 마지막 국면은 경제문제와 관련돼 있었다. 캉봉이 벨기에를 약탈하자고 주장한 데서도 드러나듯 프랑스 정부의 재정문제는 여전히 어려움에서 벗어나지 못하고 있었다. 혁명이 살아남기 위한 유일한 방도는 아시냐의 무제한 발행이었고, 그것은 당연히 화폐의 가치하락과 물가급등을 불러왔다.

식량사정은 1789년에 중대한 국면을 맞은 이래 1790년, 1790년에는 상당히 개선됐으나 1791년의 흉작이 1792년에 영향을 끼쳐, 8월 10일 혁명을 전후해서 그 절정에 도달했다. 혁명 과정에서 일어난 중대한 민중 행동들 중 다수가 여름부터 가을에 이르는 단경기端境期에 발생한 것은 식량문제가 얼마나 중요한 요인이었는지 잘 보여준다. 1792년의 수확은 그다지 나쁘진 않았으나 8월 10일 이후 재산가나 매점買占상인에 대한 민중의 공격이 격렬해지면서 식량 순환이 오히려 악화돼 가격이 계속 올라갔다. 1793년이 되면 아시냐 가치는 액면가의 약 절반으로 떨어졌으며, 밀 가격은 지방에 따라 심한 불균형을 보였고, 빵을 구하기 어려워졌다.

이에 반해 노동임금은 쉽게 올라가지 않았다. 노동운동에 대해서는 1791년 6월 14일에 르 샤플리에가 제출한 억압적인 '샤플리에 법'이 펄펄 살아 있었다. 그것은 '직업의 자유'라는 미명하에 노동자가 조합을 만들고 파업을 벌이는 것을 금지했다. 1793년 2월, 의회 보고에서, 지방에서는 흑빵이 1리브르(리브르livre는 1796년까지 통용된 은화이지만, 중량 단위이기도 했다. 지방에 따라 달랐지만 파리에서 1리브르는 약 489.5g이었다 — 옮긴이)당 7 또는 8수(1수sou는 5상팀centime. 100상팀이 1프랑franc — 옮긴이) 했지만 빈민들은 하루 일해서 9 또는 10수의 임금밖에 받지 못한 사실이 지적됐다.

민중생활이 어려워지면서 과격파로 불린 집단이 등장했다. 자크 루(Jacques Roux, 1752~1794), 장 바를레(Jean-Francois Varlet, 1764~1837) 등이 그 대표자인데, 그들은 지구나 콤뮌을 중심으로 가난한 노동자와 주부들의 시위를 조직했다. 이 두 사람 모두 상당히 풍족한 집안 출신이었지만 의원이 되지는 못했다. 그들은 거리의 민중을 동원해서 격렬한 반의회운동을 펼쳤다.

1792년 말, 자크 루는 파리의 1지구 집회에서 연설했다. 그의 주장은 다음과 같은 말 속에 요약돼 있다. "토지나 일한 성과를 독차지하고, 생활필수품을 탐욕의 창고 안에 쌓아 올리면서, 인민의 눈물과 빈곤을 고리대적인 계산에 종속시키는 인간들을 눈감아주는 것은 비열하기 짝이 없다." 그는 혁명파 성직자로서 루이 16세를 단두대로 안내했다. 왕은 그에게 유언장을 맡기려고 했다. 그러나 그는 표독스러운 말로 그것을 거절했다. "내가 맡은 일은 그대를 단두대로 데려가는 것일 뿐이다." 당시의 신문에 따르면, 그의 말투는 "주권자인 인민의 관리"이기보다는 "사형집행인의 조수"에 어울리는 것이었다고 한다.

과격파는 매점매석자, 투기업자, 재산가를 눈엣가시로 여기고, 의회에 그들의 처벌과 물가 통제, 그리고 배급제 실시를 압박하는 걸 주안점으로 삼았다. 그것을 수행하기 위해 매점매석자를 습격하고 수송 중인 물자를 약탈했으며, 싼 값에 그것을 분배하는 등의 실력행동을 여러 차례 보여주었다. 지구의 빈민들, 특히 주부들이 동원 대상이 됐다. 주부들은 생활문제에 민감하고 동시에 쉽게 믿는다는 점을 과격파 소속의 어느 한 사람이 지적했다. 1793년 초부터 여름에 걸쳐 그들의 운동은 특히 더욱 격렬해졌고 국민공회는 크게 흔들렸다.

지롱드파는 어떤 태도를 취했던가. 내무장관 롤랑은 식량폭동—지주와 부농의 창고를 수색하고 곡물을 시가로 징발했다—을 비난하고 생산과 유통의 자유만이 식량문제를 해결할 것이라는 성명을 냈다. "아마도 의회가 식량에 관해서 할 수 있는 유일한 일은, 의회는 아무것도 해서는 안 된다는 것, 모든 장애를 제거하겠다고 선언하는 것일 것이다." 여기에는 경제적 자유주의의 사도 롤랑의 진면목이 약동하고 있다. 그러나 이런 얘기는 당면한 난관을 타개하는 데에는 아무 효과도 없었다. 군사정세는 절박했고 현실적으로 식량 부족 사태가 벌어지고 있었다. '상업의 자유'라는 원칙만으로는 민중의 배를 채울 수 없었다.

로베스피에르는 말했다. "권리 중의 제1 권리는 생존할 권리다. 따라서 사회에서 만들어진 최초의 법은 사회의 모든 구성원들에게 생존의 수단을 확보하게 해주는 법이었다. 다른 모든 법은 거기에 종속된다." 그렇다면 '상업의 자유'는 잘못된 것인가. 산악파는 거기까지 가진 않았다. "장려금을 주는 것도 좋지만, 상업의 자유는 필요하다. 그러나 그것은 살인적인 탐욕이 상업의 자유를 남용하지 않는 선까지만 그렇다." 생활필수품인 곡물의 상업과 불요불급한 염료의 상업을 혼동해서는 안 된다는 것이 로베스피에르의 주장이었다. 산악파는 이론적으로는 지롱드파의 자유주의를 인정했으나 현실의 요청에 따라 그것을 수정하는 유연한 태도를 보여주었다. 자코뱅 클럽의 중심세력이었고 콤뮌을 지반으로 삼고 있던 그들은 지롱드파를 쓰러뜨리기 위해서도 그런 정책을 내놓을 수밖에 없었다. 동시에 이것은 산악파가 지롱드파와 과격파의 중간자로서 자신의 위치를 설정했음을 보여준다. 그들의 장점임과 동시에 약점이 여기에 잠재돼 있다는 점도 부정할 수 없다.

1793년 봄 이래 정치정세는 급속도로 변했다. 2월 24일, 전쟁에 대비한 30만 명의 모병계획이 발표됐으나 사실상 징병과 같은 이 조치는 서부지방의 농민들을 저항운동으로 내몰았다. 방데지방 농민들은 징병 추첨이 실시된 3월 10일을 기해 반정부 폭동을 일으켰고, 선서거부 성직자와 귀족들은 즉각 이를 이용해 반혁명적인 내란으로 발전시켰다. 한편 전선에서는 벨기에를 점령한 뒤무리에가 2월 16일, 네덜란드에 침입했으나 오스트리아군에게 배후를 찔려 처참한 패배를 당했다. 뒤무리에는 오스트리아군과 협상을 벌여 마음대로 벨기에를 내주었다. 그의 의도는 프랑스로 귀환해서 무력 쿠데타를 일으키고 1791년의 군왕제君王制를 재건하는 데 있었다. 그는 군대를 이끌고 파리로 향하려 했으나 부하 병사들로부터 총격 세례를 받고 오스트리아군 속으로 도망쳤다(4월 4일). 놀라운 일이었지만 귀족 출신 장군으로서는 당연한 배신이었다.

그리하여 지롱드파는 국내문제에서도 전쟁에서도 실패를 거듭했다. 자코뱅 클럽과 콤뮌은 지롱드파에 대한 공격력을 배가했다. 의회의 주도권은 점차 산악파 쪽으로 넘어갔고, 3월부터 4월에 걸쳐 반혁명자들을 처리하기 위한 혁명재판소, 외국인을 단속하기 위한 감시위원회, 긴급사태에 대처하는 권한을 지닌 공안위원회, 군대에 파견하는 정치위원제도 등이 만들어졌다. 정책상으로도 아시냐의 강제유통(4월 11일), 곡물과 밀가루에 대한 최고가격제(5월 4일), 부자들에 대한 10억 리브르 강제공채(5월 20일)가 결정됐다. 과격파가 요구한 '상-퀼로트화' 정책은 부분적으로 받아들여졌다.

산악파와 상-퀼로트에게 압도당한 꼴이 된 지롱드파는 필사적인 저항을 시도했다. 그들은 뒤무리에와 공모했다는 구실로 당통을 고발(4월 1일)했고, 폭동 선동자로 마라를 체포해 재판에 부치기로 결정했으며(4월 13일), 이어서 파리 콤뮌을 고발해 에베르(Jacques René Hébert, 1757~1794), 바를레를 체포하도록 했다(5월 18일). 지롱드파는 이제 혁명의 도가니로 화한 파리에 적대하기 위해 지방의 부르주아 세력을 결집시키려고 리옹, 마르세유, 낭트, 보르도 등의 상업도시들과 연락해서 사유재산 옹호를 위한 싸움을 조직했다. 페티옹은 썼다. "자유는 쉼 없이 너무 나아가는 바람에 오염됐다. 끊임없는 선동으로 모든 것이 파괴의 위협 앞에 노출돼 있다.…… 여러분의 재산은 위협받고 있다. 그럼에도 여러분은 이 위험에 대해 눈을 감고 있다."

자크 르네 에베르.

지롱드파는 파리의 중앙집권제에 대항하는 지방자치체의 연합주의를 주장했다. 그렇게 되면 부르주아적인 온건주의가 파리의 급진주의를 누를 수 있기 때문이다.

그러나 지롱드파의 강경책은 파리에 관한 한 모조리 실패로 끝났다. 미슐레(Jules Michelet, 1798~1874)가 지적했듯이 "혁명의 정수精髓, génie는 이미 그들 곁에는 없었다." 5월 26일, 로베스피에르는 자코뱅 클럽에서 연설했다. "모든 법이 침해당하고 전제정치가 그 극에 달해 성의誠意와 순결이 짓밟힐 때 인민은 봉기하지 않으면 안 된다. 그리고 바로 그때가 왔다."

1793년 5월 31일, 산악파를 지지하는 33개 지구 대표자들이 시청에 모여 봉기위원회를 구성하고 콤뮌과 협력했다. 국민방위병 사령관 앙리오(François Hanriot, 1761~1794)는 시의 요충지를 강화했고, 지구와 콤뮌의 대표들은 국민공회를 향해 지롱드파 의원들을 체포하고, 부자들 부담으로 빵 값을 1리브르당 3수로 내릴 것, 군대에서 귀족을 추방하고 노인과 병자들을 구제할 것 등을 요구했다. 그들은 의회에 들어가 산악파와 나란히 앉았다. 그러나 이 봉기는 확실한 결론을 끌어내지 못한 채 끝났다.

6월 2일은 일요일이었다. 노동자들은 무장하고 앙리오의 지휘에 따랐다. 8만의 군대가 튈르리 궁전을 에워쌌다. 국민공회는 지롱드파 간부 29명의 체포를 승인했다. 지롱드파와 산악파의 싸움은 파리에 관한 한 여기에서 끝났다.


## 2. '자유의 전제專制'


산악파의 승리는 당면한 위기의 깊이를 보여준 것이었다. 위기에 쫓겨 부르주아지의 대표들은 진지를 소부르주아 대표인 산악파에게 넘겨주었다. 산악파는 전력을 다해 위기의 극복을 위해 노력했을 것이다. 그러나 안팎의 위기가 완화되는 그때가 동시에 소부르주아파가 몰락하는 때가 되었다. 로베스피에르와 그 일파는 그런 비극의 주인공이 되기 위해 역사의 무대에 소환당했다.

　'5월 31일 혁명'으로 형식만의 체포 상태에 지나지 않았던 지롱드파 의원들 29명 중 20명이 지방으로 도망쳤다. 그들은 남부와 서부로 가서 파리에 대한 반란을 부르짖었고, 마침내 84개 현 중 60개 현이 산악파의 지배에 반발했다. 7월 13일에는 지롱드파의 선전에 넘어간 노르망디Normandie의 여성 샤를로트 코르데(Marie-Anne Charlotte de Corday d'Armont, 1768~1793)가 파리로 가서 마라에게 면회를 요청한 뒤 욕실에서 마라를 칼로 찔러 죽였다. 산악파의 거두

중 한 사람이 사라졌다. 방데의 반란은 계속되고 있었고, 외국 군대는 국경선을 돌파하기 시작했다.

산악파는 연합주의에 반대해 "단일하고 나뉠 수 없는 공화국"으로 국민을 단결시키기 위해 민주주의적인 개혁을 서둘렀다. 6월 2일의 1주일 뒤에는 산악파의 생각을 담은 '1793년 헌법'안이 만들어졌다. 이 헌법은 6월 24일 의회에서 채택되고 인민투표에 부쳐져 통과됐으나 그 실시는 긴급사태를 이유로 미뤄졌다.

1793년 헌법은 루소적인 민주주의를 기조로 하고 있다. 1791년 헌법이 시에예스의 주장에 따라 '국민'nation주권을 인정한 것과 달리 이 헌법은 '인민'peuple주권이며, 몽테스키외적인 권력의 기구적 분립이 아니라 기구들의 계층적 편제를 규정하고 있다. 즉 인민주권이 최고의 지위에 있고, 거기에 종속되는 형태로 입법기관이 있고, 입법기관에 종속되는 형태로 집행기관이 설정돼 있었다. 따라서 의원이나 의회의 독립성은 인정되지 않았으며, 선거인들의 집회에서 나온 발의나 결정에 구속당한다. 이는 '일반의지'는 의원들에 의해 대표될 수 없다는 루소의 이론을 적용한 것이다. 선거는 보통선거여서, 재산자격에 따른 제한은 인정되지 않았다.

이 헌법은 실시되지 못했기 때문에 오히려 유명해졌다. 테르미도르 9일의 쿠데타(1794년 7월 27일 로베스피에르 반대파가 일으킨 쿠데타. 이 쿠데타로 로베스피에르, 생쥐스트, 쿠통 등과 그들을 지지한 19명이 체포되어 재판도 없이 단두대에서 처형되었다―옮긴이) 뒤 민주주의자들은 '빵과 1793년 헌법'을 슬로건으로 내걸었고, 2월혁명기의 공화파 좌익도 이 헌법을 '민주주의의 복음서'로 여기면서 프랑스 혁명의 최

마라의 죽음(자크 루이 다비드 그림).

대 성과를 이 헌법에서 찾아냈다. "동시대인들은 혁명과 공화정이 마침내 자신의 헌법상의 성과를 쟁취했다는 인상印象을 진심으로 갖게 된"(올라르) 것이다. 그러나 "너무 아름답고 너무 완전한" 이 헌법은 1793년의 조건하에서는 전혀 실현 불가능한 것이었다. 그것은 산악파의 이상을 담은 것이기는 해도 그들의 현실정책을 제시한 것은 아니었다. 따라서 이 헌법에서 역산해서 프랑스 혁명의 성격을 규정해서는 안 된다.

산악파는 사회적으로는 소농민·소시민 등의 소부르주아 층에서 그 토대를 찾았다. 6월 10일의 법령은 영주에게 몰수당한 공유지를 농민들에게 반환하라고 규정했다. 6월 3일의 그리고 최종적으로는 7월 25일의 법령은 토지 없는 농민들에 대해 국유재산을 세분해서 매도하는 것을 인정했는데, 특히 농민들이 망명자 재산을 쉽게 매수할 수 있도록 했다. 더욱 중요한 것은 산악파가 봉건영주의 권리들을 뿌리째 뽑아내버리는 정책을 내세운 것이다. 7월 17일의 법령은 "이제까지의 영주의 모든 공조貢租, 봉건계약, 토지임대 계약에 의한 경상적·임시적 권리들을 전년도 8월 25일의 법령으로 제외된 것까지 포함해서, 무상無償으로(보상 없이) 금지한다" 명령했다.

일찍이 제헌의회가 분명히 밝혔지만 실시에 태만했던 '봉건제도의 완전한 파괴'가 여기서 실현을 보게 됐다. 봉건적 부담과 관련된 문서는 모조리 불태워졌고, 위반자는 5년간의 징역에 처한다는 엄격한 조건이 붙어 있었다. 농민들은 마을 광장에 모여 각종의 토지대장과 계약문서들을 환호성과 함께 불 속에 던져 넣었다. 이것은 농민혁명의 승리였다.

그러나 도시의 민중운동은 산악파에게도 점점 위협적인 것으로 변해갔다. 1793년 5월 4일에 제안된 곡물의 최고가격제는 전혀 실효성이 없었으며, 춘궁기가 다가옴에 따라 빵 가게 앞에는 행렬이 줄을 이었고 아시냐는 액면가의 30% 이하로 가치가 떨어졌다. 과격파의 운동이 활발해졌다. 6월 21일, 자크 루는 콤뮌 집회에서 산악파의 헌법을 날카롭게 비난했다. "무슨 소리냐! 어느 계급의 인간이 다른 계급을 굶주리게 할 수 있을 때, 자유는 도대체 무엇이란 말인가. 부자가 독점을 통해 동포를 살리고 죽일 권리를 행사할 수 있을 때, 평등이란 도대체 뭐란 말인가. 자유, 평등, 공화국, 이것들은 모두 환상에 지나지 않는다." 매점매석자, 독점자, 은행가에 대해 즉각 가장 강경한 조처를 취하라고 하는 것이 그의 결론이었다. 폭동이 시작되고 6월에는 파리의 세탁부洗濯婦들이 비누가 든 수송 도중의 짐짝을 빼앗아 마음대로 값을 정해 분배했고, 7월에는 투르Tours, 루앙Rouen 등의 도시에서도 식량폭동이 임박했다는 아우성들이 전해졌다.

　8월이 되자 파리의 몇몇 지구에서 과격파의 선동으로 소요사태가 반복됐다. 지구의 민중은 국민공회로 몰려가 독점자들 처형과 생활물자 가격의 공정한 책정 등을 강력하게 요구했다. 과격파의 일원이었던 르클레르(Charles Victor Emmanuel Leclerc, 1772~1802)는 폭력으로 국민공회를 타도하자는 주장까지 했다. 이는 주관적 의도와는 상관없이 객관적으로, 전쟁상황 악화와 방데의 반혁명 봉기로 어려움을 겪던 조국을 한층 더 위기로 몰아간 결과가 됐다.

　안팎의 정세가 급박해지자 공안위원회가 다시 구성됐다. 당통이 배제되고 로베스피에르가 들어갔다. 쿠통(Georges Auguste Couthon,

조르주 쿠통.

1755~1794), 콜로데르부아, 비요 바렌, 생쥐스트, 카르노(Lazare Nicolas Marguerite Carnot, 1753~1823) 등이 로베스피에르를 중심으로 결집했다. 로베스피에르는 식량 확보를 위해 필요한 조처를 취하는 한편 폭동의 선두에 선 과격파에 맞서 정력적으로 싸웠다. 그는 자크 루와 르클레르를 "인민의 적에게 고용된 두 명의 남자"라고 부르면서 인민의 단결과 국민공회로의 결집을 호소해 자코뱅 클럽이 대세를 장악하는 데 성공했다.

과격파는 과연 민중의 요구를 충실하게 대변한 민주주의자들이었던가, 그렇지 않으면 민중의 일시적인 불만에 편승해 혼란의 확대를 꾀한 데마고그(선동가)였던가에 대해서는 여전히 검토의 여지가 남아 있다. 그러나 마티에는 과격파와 지구의 선동가들 뒤에 산악파의 지배권을 무너뜨리려 했던 왕당파와 지롱드파의 움직임이 있었다고 보았다. 파리의 어느 지구는 루이 16세를 동정하고 (지롱드파 리더인) 롤랑 부부를 숨겨주었으며, 식량위기를 구실로 국민공회에 저항했는데, 그것이 과격파 운동과 병행해서 진행된 사실이 알려져 있다. 과격파, 에베르파, 그리고 나중의 바뵈프 운동도 그러했지만 이런 운동들은 전체적으로 이른바 '제4계급'의 요구와 생각을 표

짧게 쓴 프랑스 혁명사

출한 것이라고 할 수 있다.

　그 주장들은 모두 급진적이어서 사유재산 부정과 공산주의 실현 등의 요소를 지니고 있었는데, 그 점에서 주목할 만하다는 것은 의심할 여지가 없다. 그러나 그들의 실천행동 자체만을 두고 본다면, 거기에는 뭔가 숨겨진 어두운 요소가 얽혀 있는 듯하다. 당시의 조건 아래서 그들의 이론이 현실적 유효성을 갖고 있지 못했다는 깃은 말할 것도 없지만, 그들의 급진적인 폭력주의가 결과적으로 반혁명파를 도와준 꼴이 된 것도 또한 사실이다. 일찍이 미라보는 바르나브 일파를 실각시키기 위해 좌익급진파에게 손을 써서 좌쪽에서 바르나브를 공격하게 만든 적이 있는데, 그와 같은 술책을 산악파의 반대파가 쓰지 않았다고 단언할 순 없다. 급진파가 언제나 성실한 혁명가로 행동했는지 그렇지 않은지, 그것은 의문의 여지가 있다.

　로베스피에르는 과격파를 "코블렌츠(프랑스 왕족과 망명귀족들이 모여 반혁명을 모의한 곳) 또는 피트(영국 총리)의 앞잡이"라고 매도했으나, 그렇다고 해서 과격파의 배후에 있던 민중, 그리고 그들의 정당한 요구를 무시할 순 없었다. 1793년 7월에는 '독점금지법'을 제정했고, 9월에는 모든 곡물에 대해 최고가격제를 실시한 뒤 그것을 더욱 발전시켜 모든 상품가격을 공공기관이 정하는 '전면적 최고가격법maximum général'을 채택했다(9월 29일). 그러면서 한편으로 로베스피에르는 과격파 체포에 나서 9월 이후 바를레, 자크 루, 르클레르 등을 체포하고 재판을 강행했다. 자크 루는 그다음 해 옥중에서 자살했다.

　공안위원회의 독재와 공포정치가 시작됐다. 공안위원회는 법적으로는 국민공회에 종속된 한 위원회에 지나지 않았으나 실질적으로는 최고의 심의기관이요 집행기관이었다. 그것은 혁명적 독재조직으로, 마라가 '자유의 전제專制'라고 이름붙인 것을 구현한 것이었다. 파리의 콤뮌이 그 하부기구인 지방의 콤뮌들과 연락했고 인민집회나 감시위원회가 그것을 지원했다.

공안위원회의 독재는 두 단계를 거쳐 강화됐다. 그 하나는 1793년 10월 10일의 법령인데, 그것은 국민 총동원과 연합주의 타도를 효율적으로 추진하기 위해 생쥐스트의 보고를 토대로 해서 채택했다. "프랑스 정부는 평화가 도래할 때까지 혁명적일 것이다"라고 선언한 이 법령은 전시 비상조치 실시 권한을 공안위원회에 넘겨주었다. 그때 이후 처형당한 이들이 급속히 늘어 마리 앙투아네트를 비롯해 롤랑 부인, 바이이, 바르나브가 기요틴(guillotine, 단두대)에 올랐고, 체포된 사람 수도 8월 1일의 1417명에서 눈의 달(雪月, 니보즈 Nivôse) 1일(12월 21일)에는 4525명으로 늘었다. 두 번째 단계는 12월 4일(서리의 달霜月, 프리메르Frimaire 14일)의 법령 속에 잘 드러나 있다. 이 법령은 국가기구 속의 공안위원회, 국민공회, 기타 기관들의 관계를 규정한 것으로, 공안위원회의 우월성과 법률의 신속한 집행을 위해 "기민하고 강력한 정치"기구를 만든다는 것이다. "정부 자체가 혁명적으로 구성되지 않으면 혁명인인 법률은 실시될 수 없다"(생쥐스트)는 것이었다.

전통과 단절하고 합리성을 지향하기 위해 혁명력革命曆을 채택했다. 달의 명칭을 바꾸며 일요일을 폐지하고 10일째마다 휴일을 두게 했다. 혁명의 여러 기념일들을 제정하고 종교를 시민생활에서 배

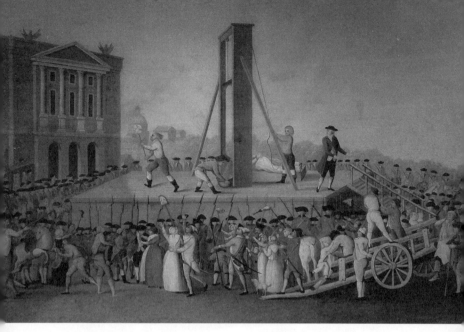

마리 앙투아네트가 단두대에서 처형되는 모습.

제하는 운동을 추진했다. 경제통제가 강화돼 파리에서는 콤뮌이 공
정가격과 배급제 실시를 감독하고 매점매석자를 적발하기 위한 가
택수색을 했다. 빵은 표 배급제로 바뀌었고, 제빵사들은 '시청에
고용된 노동자'가 됐다. 많은 사람들이 공무원이 되거나 의용병에
참가했고, 또 무기공장에서 일했기 때문에 파리는 비교적 평온해
졌다.

공안위원회가 결집시킨 힘은 전쟁상황戰局에서 효력을 발휘하
기 시작했다. 1793년 여름 이후 65만 명의 군대가 나라 안팎에서 싸
웠다. 전선에서는 카르노의 작전이 성과를 내 영국군에 포위돼 있던
됭케르크Dunkerque를 해방(9월)시켰다. 오스트리아군 및 프러시아군

도 격퇴했다. 연합주의자들의 반란도 거의 동시에 진압됐으며, 리옹은 2개월의 포위 끝에 함락했다(10월 2일). 국민공회는 리옹의 부자들 가옥을 파괴하라는 명령을 내리고 그 도시에 '해방시解放市'라는 이름을 붙였으며, 푸셰(Joseph Fouché, 1759~1820)가 파견위원으로 나가 몇 개월간 1667명을 처형했다. 리옹 해방 뒤 툴롱에 대한 공격이 시작돼 12월 19일에 함락시켰다. 이 전투에는 포병대위 나폴레옹 보나파르트(Napoléon Bonaparte, 1769~1821)가 참가했다. 방데 전투도 9월부터 그해 연말까지 격렬하게 전개됐는데, 결국 왕당파 군대가 루아르Loire강 하구로 내몰려 궤멸당했다. 당면한 위험은 여기서 일단 극복됐다.

전황이 다소 호전되자 곧바로 내부 대립이 격화됐다. 오스트리아의 은행가와 결탁한 의원들이 동인도무역회사의 해산에 관여해 거액을 챙긴 사실이 판명됐고, 영국·프러시아·벨기에 등의 외국인들이 산악파의 좌익에 손을 뻗쳐 과격한 정책을 도발토록 한 사실이 드러났다. 관계자들은 체포됐으나 이들 사건은 사회 깊은 곳에서 여전히 모순이 소용돌이치고 있음을 보여주었다.

공안위원회는 '단일하고 나눌 수 없는 공화국'이라는 슬로건 아래 철鐵의 단결과 통일을 실현할 수 있다고 생각했다. 왕당파, 뢰양파, 지롱드파는 추궁당하고 처형당했다. 그러나 아무리 강력한 정치라 하더라도 객관적으로 존재하는 여러 이해관계를 완전히 없애버릴 수는 없다. 부르주아지도 프롤레타리아트도 객관적으로 존재하고 있었고, 그 이해관계는 어떤 형태로든 그 정치적 표현을 추구할 수밖에 없었다. 부르주아적 당파와 프롤레타리아적 당파가 배제당하자 사회 깊은 곳의 힘은 이번에는 산악파 그 자체를 좌우로 갈라 놓는 힘으로 작용하게 된다.

　　1793년 12월부터 1794년 봄에 걸쳐 심각한 분파투쟁이 시작됐다. 우파는 당통을 중심으로 혁명적 독재의 완화, 관용정책을 주장한 데 반해 좌파는 에베르를 중심으로 코르들리에 클럽과 지구들의 힘을 결집해 반혁명파 및 그 용의자들을 단호하게 처벌하고 경제 통제를 강화하라고 요구했다. 로베스피에르를 중심으로 한 공안위원회는 산악파의 이런 분열로 어려움에 처했다. 로베스피에르파는 이 좌우 압력의 중간에서 양자를 화해시키려 했으나 소용이 없었다. 1794년 2월부터 3월에 걸쳐 에베르파는 식량난을 이유로 파리에 들어오는 화물을 몰수하고 상인들을 고발했으며, 무기공장 노동자들의 파업을 지원했다. 공안위원회는 결국 에베르파 지도자들인 에베르, 모모로(Antoine-François Momoro, 1756~1794), 롱상(Charles-Philippe Ronsin, 1751~1794) 등을 폭동을 사주했다는 이유로 체포해 처형했다 (3월 24일). 그리고 3월 30일에는 그 반대로 당통, 카미유 데물랭(Lucie Simplice Camille Benoist Desmoulins, 1760~1794) 등의 당통파도 체포해 모두 사형에 처했다. 당통파는 동인도회사의 부패 사건과 관련돼 있었고, 산악파에게 관용정책을 펴도록 압력을 행사했기 때문이다.

　　그러나 반대파의 생명을 빼앗는 것으로 문제를 해결하려는 것이 과연 진짜 문제해결책일 수 있을까. 혁명적 폭력은 여기에 이르러 개인적 폭력으로 전화했다. 분파투쟁을 폭력적 수단으로 해결하지 않으면 안 될 지경이 됐을 때 혁명은 상승운동이 끝났다고 봐야 한다. 물론 로베스피에르파는 그것을 모르지 않았다. 하지만 그것이

카미유 데물랭.

남아 있는 유일한 길이었다. 그들은 처음부터 혁명에 목숨을 걸었다. '청렴결백한 사람'이라는 칭송을 받았던 로베스피에르는 프랑스의 행복을 위해 죽을 수 있다는 것을 '행운'이라 여겼다. 생쥐스트는 혁명의 파장 무렵 죽음을 간절히 원했다. "무덤이여, 나는 너를 천명天命의 구원으로 갈구하노라. 조국과 인류를 향해 저질러진 범죄가 처벌되지 않고 있는 현실을 더는 두고 볼 수 없도다."

1794년 4월 이후는 공안위원회의 독재라기보다 오히려 로베스피에르 개인 또는 거기에 생쥐스트와 쿠통을 보탠 3두 정치가들의 독재였다. 로베스피에르는 콤뮌과 자코뱅 클럽을 이끌고 혁명을 최종적으로 완성시키려고 노력했다. 그에 앞서 생쥐스트는 2월과 3월에 '방토즈법'(방토즈Ventôse, 바람의 달風月. 프랑스 공화력에서 제6월)을 제안하면서 거기에 반혁명 혐의자의 재산을 몰수하고, 그것을 가난한 애국자들에게 무상으로 분배한다는 내용을 명기했다. 이 법령의 목표는 빈민들에게 토지를 나눠줌으로써 그들을 소생산자로 육성해 루소가 바랐던 대로 "압제도 착취도 없는" 평등사회를 실현하는 것이었다. 모든 인간이 재산을 가지고, 모든 인간이 근로자가 되는 고대 로마나 스파르타의 꿈이 거기에 살아 있었다. 그러나 자본주의가

짧게 쓴 프랑스 혁명사

본격적으로 시작되려던 때에 모든 인간을 재산 소유자로 바꾸려 한 것은 결국 "거대한 착각"(마르크스)일 수밖에 없었다. 빈농에게 토지를 준다는 것은 생쥐스트가 생각했던 것만큼 단순한 것이 아니었다. 농기구도 가축도 갖고 있지 못했던 농민들에게는 땅을 받을 수 있다는 약속은 그것만으로는 공허한 것이었다. 오히려 그들은 한 자루의 식량을 요구했다. 이 법령은 실현을 보지 못한 채 끝났다.

로베스피에르 독재 4개월은 '승리victoire, 공포terreur, 미덕vertu'이라는 세 가지 말로 요약할 수 있다.

군대 문제에서는 1년 전에 포고된 '아말감법'—정규군과 의용병을 혼합해서 애국적이고 민주적인 혁명군을 완성하는 것—이 마침내 실현됐다. 귀족 출신의 직업군인들은 병사 출신의 유능한 신인들로 교체됐다. 장교도 3분의 2는 부하들의 선거를 거쳐 임명됐다. 병사들은 각지에 있는 민중 클럽들과 교류했고, 정부는 애국적·공화주의적 신문을 군대에 배포했다. "병사들 수와 규율만으로 승리를 기대할 수 있는 것은 아니다. 승리는 공화주의 정신이 군대 속에 얼마나 골고루 퍼지는지 그 정도만큼 기대할 수 있을 것이다." 이것이 생쥐스트의 확신이었다.

공화국 제2년에 조직된 군대는 참으로 혁명적이고 국민적인 군대였다. 카르노는 진정한 애국파였고, 오슈(Louis Lazare Hoche, 1768~1797)는 마라를 존경했으며, 보나파르트는 로베스피에르를 지지했다. 전투는 요새전에서 밀집부대들 간의 집단전으로 바뀌었다. 프랑스군은 봄부터 여름에 걸쳐 공세로 전환해 오스트리아군과 영국-네널란드군을 격파하고, 벨기에를 다시 점령했으며, 카탈루냐

Catalunya에 침입했다. 프랑스의 모든 국경은 6월 말까지 회복됐다.

다음은 '공포'다. 공안위원회는 혁명재판을 진행하는 권한을 파리에 집중시킴으로써 지방파견 위원들이 진단적으로 테러를 가하고 개인적인 원한이나 복수가 재판에 개입되는 것을 방지했다. 그와 동시에 혁명재판의 방법을 간소화해 피고의 변호를 인정하지 않고 증인신문은 법정이 임의로 했다(6월 10일). 제안자인 쿠통은 다음과 같이 말했다. "몇 가지 본보기를 보여주는 게 문제가 아니라, 압정壓政의 집념에 불다는 앞잡이들을 절멸絶滅시키는 것이 문제다." 이 조치는 국민공회 전 구성원들에게 강력한 공포를 안겨주었다. 공안위원회 소속이 아닌 의원들은 언제 어느 때 체포당할지 모르는 상황이 됐기 때문이다.

이렇게 해서 가혹한 탄압정책이 시작됐다. 1793년 3월부터 1794년 6월까지의 기간에 파리에서 처형당한 혐의자 수는 1251명이었으나 1794년 6월부터 7월까지 처형당한 사람만 1376명에 이르렀다. 물론 프랑스 전국에서 처형당한 사람의 수는 이보다도 훨씬 많았다. 내란이 일어난 지방에서는 파리에서 처형당한 자의 약 5배나 되는 사람들이 죽임을 당해 그 총수가 3만 명을 넘었다고 한다. 무차별적인 테러리즘은 공안위원회보다 오히려 공안위원회와 대립한 치안위원회(comité de sûreté générale, '보안위원회'라 불리기도 한다―옮긴이)에 의해, 파리의 산악파보다 오히려 푸셰, 탈리앵(Jean-Lambert Tallien, 1762~1820) 등의 지방파견위원에 의해 더 대규모로 수행됐다.

마지막으로 '미덕'의 강조가 있다. 로베스피에르는 공포정치의

COMITÉ CENTRAL DE SALUT PUBLIC L AN II ᴱᴹᴱ de l'assassinat Libéral

혁명력 2년(1794)의 공안위원회 내부 모습.

토대를 도덕으로 쌓으려 했다. "평화시기의 인민정부의 기초가 미덕
이라 한다면 혁명시기의 인민정부 기초는 미덕과 공포 두 가지다─
미덕 없는 공포는 재앙을 낳고, 공포 없는 미덕은 힘이 없다." 미덕
을 존중하는 이상 미덕과 깊은 관계를 맺고 있는 종교나 교회와의
연관성이 당연히 문제가 된다. 루소가 그랬듯이 로베스피에르도 종
교 그 자체를 공격하진 않았으며, 오히려 기독교를 대체하는 새로운
국가종교를 만들려고 했다. 그는 1794년 5월 7일(꽃의 달花月, 플로레
알floréal 18일)의 연설에서 백과전서파가 펼쳤던 유물론을 "부자들의
교리"라고 배척하면서 다음과 같이 말했다. "신의 존재와 영혼의 불
멸이 몽상에 지나지 않는 것이라면 그 몽상은 역시 인간정신이 만들

어낸 여러 관념들 중에서 가장 아름다운 것일 것이다." 과격파나 에베르파는 부르주아적인 신앙의 자유에 머무르지 않고 교회를 파괴하고 성직자들을 습격했으나, 이에 대해서도 로베스피에르는 반대했다. "인민이 숭상하는 것이라면 종교적 편견이라 하더라도 정면으로 거기에 반대해서는 안 된다. 인민이 성장해서 조금씩 편견을 극복해가는 데는 시간이 필요하다."

"프랑스 인민은 최고존재Être suprême의 존재와 영혼불멸을 인정한다"는 선언으로 시작되는 5월 7일의 법령을 토대로 6월 8일 '최고존재의 제전'이 튈르리궁 정원에서 거행됐다. 그는 제전의 최고책임자로서 연설하고 무신론의 초상에 불을 붙였으며, 그 재 속에서 지혜의 상이 솟아올랐다. 행진이 시작되자 찬가를 부르고, 칼을 휘두르는 가운데 "공화국 만세!"의 함성이 울려 퍼졌다. 모인 군중은 50만을 헤아렸다고 한다. 이 장대하고 힘찬 제전은 로베스피에르의 이상을 표현한 것으로, 그는 민중의 도덕심과 조국애를 분기시킴으로써 혁명의 위기를 극복하려 했다. 그리고 사실 많은 사람들은 "로베스피에르가 정말로 혁명의 심연深淵을 메우려 하고 있다"는 것을 느꼈다. 그러나 파국은 50일 뒤에 닥쳐왔다.

전쟁의 승리가 로베스피에르의 몰락을 준비했다. 전쟁을 수행하기 위해 시작된 독재는 전쟁의 승리에 의해 뒤집히게 된다. 물론파국은 플뢰뤼스(Fleurus. 지금의 벨기에에 속한 저지대 지역—옮긴이) 전투의 승리(6월 26일) 이전에 이미 싹트고 있었다. 그것은 너무 거북스러운 경제통제, 너무 많았던 체포와 처형이 사람들 사이에 될 대로되라는 무감각 상태를 만든 데에 기인한다. "마치 독한 술이 입의 감각을 무디게 만들 듯이 공포정치의 실행은 범죄 감각을 무디게 만들었다"는 글을 생쥐스트는 써서 남겼다. 부르주아지는 혁명의 진행이 사유재산에 대한 공격을 점점 강화해가는 것을 두려워했다. 전쟁이 정돈상태를 보인 그때 그들은 좀 더 온화한 정부가 들어서기를 희망했다.

기회는 예상외로 일찍 찾아왔다. 공안위원회에서는 로베스피에르, 생쥐스트, 쿠통이 로베스피에르파이고, 나머지 위원들은 행정담당자들이었기에 도덕개혁이나 생쥐스트의 '방토즈(바람의 달) 법' 등에는 공감하지 못했다. 게다가 산악파 중에는 너무 나가버린 탄압정책 때문에 로베스피에르로부터 비난받을지도 모른다는 두려움을 품고 있던 푸셰, 탈리앵 등이 있었다.

또 한편으로 공안위원회는 경찰권의 귀속을 둘러싸고 치안위원회와 대립하고 있었다. 그런데 로베스피에르 자신은 6월 중반부터 7월 26일까지 공적인 생활에서 거의 자취를 감춘 채 국민공회에서는 한 번도 연설을 하지 않았다. 공안위원회 출석도 2, 3번에 지나지 않았다. 그와 같은 인물이 그런 중대한 시기에 완전히 활동을 중단한 것은 반대파의 활동을 조장하기 마련이었다. 하지만 왜 그가 활동을 중단했는지는 분명히 밝혀진 바 없다.

타협을 시도하기 위해 7월 22일 공안·치안 두 위원회의 합동회의가 열렸다. 그러나 로베스피에르는 생쥐스트 등의 타협 시도를 단호하게 물리쳤다. 7월 26일 즉 열의 달(熱月, 테르미도르Thermidor) 8일, 로베스피에르는 국민공회에서 연설하면서 정적들을 공격했고 정부 멤버 교체를 주장했다. 그는 공안위원회를 개조하고 통일을 완수함으로써 혁명을 유지하려 했다. 그는 푸셰와 탈리앵 등의 테러리스트나 부르주아지와 기맥이 통하는 "부패 분자"들을 일소하겠다고 결의를 다졌음이 분명하다. 그러나 그가 숙청해야 할 인간을 명확하게 밝히지 않았던 것이 의원들의 불안을 부추겨, 자신들이 숙청대상자로 지목당했다고 느끼고 있던 자들을 반격에 나서도록 충동질한 결과가 됐다.

그날 밤 로베스피에르는 자코뱅 클럽에서도 연설하면서 마지막에 이렇게 말했다. "여러분이 지금 들은 연설은 내 최후의 유언이다. 나의 적들은 그 수도 엄청 많고 또한 강력하기 때문에 나는 그들이 가해올 타격을 오래도록 피할 수 있기를 바랄 순 없다. 여러분에게 호소하건대, 나는 이만큼 절박한 느낌에 쫓겨본 적이 없다. 왜냐하면 내게는 마치 안녕을 고하고 있는 듯한 생각이 들기 때문이다." 여기서 그는 이미 패배를 이야기하고 있었다.

운명의 날, 테르미도르 9일(7월 27일) 정오, 국민공회에서는 생쥐스트가 연설을 시작하자마자 탈리앵, 비요 바렌이 방해를 했고 그는 발언을 포기했다. 로베스피에르도 발언을 하려 했으나 소용없었다. 반대파는 회의장은 물론 방청석에도 이미 손을 써놓고 있었다. "폭군을 죽여라!"는 고함 속에 로베스피에르, 생쥐스트, 쿠통, 그리고 로베스피에르의 동생과 르바(Philippe Lebas, 1765~1794)의 체포가 가결됐다.

로베스피에르 체포 사실이 알려지자 콤뮌은 봉기를 선언하고 국민방위병을 동원했다. 그러나 48개 지구 가운데 국민방위병을 파견한 곳은 겨우 13개에 지나지 않았다. 자코뱅 클럽의 토의도 아무

짧게 쓴 프랑스 혁명사

테르미도르 9일의 쿠데타로 처형당하는 로베스피에르, 생쥐스트 등과 그들의 지지자들.

런 결론을 내리지 못한 채 끝났다. 지구들은 과격파와 에베르파가 로베스피에르의 탄압을 받은 사실을 잊지 않고 있었다. 게다가 최고 가격제가 결과적으로 임금동결 정책으로 귀결된 데에 불만을 품고 있었다.

한밤중에 로베스피에르 일파는 국민공회에서 달아나 시청에 당도했다. 오전 1시, 국민공회가 파견한 군대가 시청에 도착해 체포에 나섰다. 생쥐스트는 저항도 하지 못한 채 체포당했고, 르바는 권총으로 자살했다. 로베스피에르는 19살의 소년병사가 쏜 피스톨에 맞아 턱이 깨진 채 붙잡혔다.

다음 날 저녁, 로베스피에르파 22명은 콩코르드 광장(Place de la

Concorde)에서 처형당했다. '최고존재의 제전' 때와 같은 군중이 거기에 모여 있었다. 그들이 외치는 소리는 이번엔 "폭군을 죽여라! 최고가격제를 죽여라!"는 것이었다. 다음 날에도 그다음 날에도 처형이 이어졌다.

7장 부르주아 국가의 출현
(1794~1799)

- 앞 쪽 그림 설명:  혁명력. 니보즈(Nivose, 눈의 달雪月)에서 프리메르(Frimaire, 서리의 달霜月)까지.

## 1. 테르미도르파의 지배

부르주아 혁명이라는 말을 경제적 내용으로만 파악하려 한다면, 프랑스에서 일어난 부르주아 혁명은 1792년 8월 10일의 혁명 또는 기껏해야 1793년 5월 31일의 혁명으로 끝났다. 그때 봉건적 특권은 완전히 무너졌고, 교회와 망명귀족의 재산은 부르주아지와 농민이라는 새로운 소유자의 손으로 대거 이동했다. 전쟁과 독재가 이 새로운 사회·경제 관계의 발전을 일시적으로 억눌렀지만 사회의 근본적인 존재방식은 이미 바꿀 수 없게 됐다.

로베스피에르를 중심으로 한 자코뱅 세력은 이런 기본선을 관통하면서 강화해가는 동안은 성공을 거둘 수 있었다. 그러나 '최고 존재의 제전'이 보여주듯이 로베스피에르가 소부르주아적인 정신주의에 빠져 '혁명'을 신비로운 것으로 떠받들려고 했을 때 위기가 급속도로 찾아왔다. 8월 10일 이후 광범한 농민층이 반反영주 투쟁을 중단하고 새로운 재산 소유자로 바뀌어 도시의 부르주아지와 공동의 이해관계를 맺기 시작한 것, 바로 이 점이 결정적으로 중요했다.

그러나 그렇다면 로베스피에르파의 1, 2년에 걸친 정치적 실천은 모두 무효가 됐다고 할 수 있을까. 그렇지는 않다. 대규모 정치투쟁이나 크고 작은 여러 정치적 체험은 모든 사람들에게 "가장 좋은 학교"(레닌)였다. 산악파는 왕을 처형하고 공안위원회를 만들어 독재를 강화함으로써 구제도에서 이어받은 모든 낡은 기구, 관습, 사상을 일거에 분쇄하고, 초월적이었던 정치를 완전히 인민의 것으로 만들 수 있었다. 그것은 강렬한 파괴 작업이었다. 이 "프랑스 혁명의 거대한 빗자루箒"(마르크스)가 있었기에 사람들은 자유롭고 민주적인 인간관계를 비로소 자신의 것으로 만들 수 있었다. 하지만 부르주아 국가라는 대저택에서는 대청소를 한 사람이 그대로 저택의 주인공으로 눌러앉지 못했다. 헌신적인 혁명가들이 '혁명의 순교자'로서 매장당할 때가 오고야 말았다. 그것이 '테르미도르 반동反動'이었다.

공안위원회 멤버들은 로베스피에르, 생쥐스트, 쿠통을 희생의 제물로 바침으로써 자신들의 시대가 왔다고 생각했다. 얼마나 어리석은가. 반동에 한 걸음을 양보하면 즉각 몇 걸음 물러날 수밖에 없다는 것이 명백해졌다. 바레르, 비요 바렌, 콜로데르부아 등에게는 1년이 채 지나지 않아 유형의 운명이 기다리고 있었다.

국민공회의 주도권은 그때까지 '평원파plaine'로 불린 공화주의적인 부르주아 세력이 쥐고 있었다. 산악파의 테러리스트와 온화한 부르주아파가 손을 잡은 이 일파는 '테르미도르파'로 불렸는데, 탈리앵, 부아시 당글라(François-Antoine, comte de Boissy d'Anglas, 1756~1826), 바라스(Paul François Jean Nicolas, vicomte de Barras, 1755~1829) 등이 리더였다. 마티에는 테르미도르파에 대해 말했다. "정치꾼이 정치가로 변신했다. 국가적 인물은 모두 사망했다. 후계자들은…… 서로 드잡이를 하면서 자신의 보잘것없는 기업을 성공시키기 위해 필요하다면 국가를 희생시켰고, 가장 놀라운 투기나 가장 교묘한 자금운용, 가장 저급한 차입금 대체 등에 몰두했다." 산악파 특히 로베스피에르를 지지한 마티에의 이 서술에는 분노가 배어 있는데, 사실 테르미도르파의 당면 과제는 산악파 및 공안위원회의 철의 손아귀에서 (자신들의) '재산'을 구해내는 일이었다. 그 때문에 그들은 공안위원회의 권한을 축소하고 혁명재판소 조직을 바꾸었으며, 종교의 자유를 부활하고 경제통제를 완화하며 자코뱅파 탄압을 시작했다. 이는 실로 로베스피에르의 정책에 대한 '반동反動'이었다.

'반동'과 함께 인플레이션이 격심해졌고 아시냐의 가치는 하락했다. 7월에 거의 30%였던 아시냐의 가치(액면가 대비)는 연말에는 20%로 내려갔고, 만 1년 뒤엔 3%로까지 떨어졌다. 농민과 상인들은 이미 경화를 통한 거래가 아니면 상품을 팔지 않았다. 국민공회는 민중의 동요를 우려해 9월에 최고가격제를 계속 실시하기로 결정했으나 효과가 없자 연말에는 다시 모든 통제를 해제했다. 인플레이션은 금리와 지대로 살아가는 비생산 계급을 몰락시키면서 공업과 농업에 종사하는 생산 계급의 손에 부를 집중시켰으나, 한편으로는 프롤레타리아트를 광범위하게 만들어내는 결과를 초래했다. 그것은 부르주아와 프롤레타리아의 격차를 크게 벌렸고, 이 2대 계급을 중심으로 운영되는 새로운 사회를 준비했다.

테르미도르파는 '반동'을 추진했으나, 그들은 동시에 '반동'이 너무 나아가는 것을 두려워하고 경계했다. 그들은 지난 날 로베스피에르와 함께 왕의 처형에 찬성했다. 그들은 '시해자(弑害者, 왕을 죽인 자)'였다. 반혁명이 승리할 경우 그들은 목숨을 보전할 수 없게 된다. 또 한편으로 그들의 손은 로베스피에르의 피로 더럽혀져 있었다.

자코뱅과 협력하는 길은 막혀 있었다. 게다가 그들은 권력에 집착했다. 어떻게 해서든 정권을 유지하지 않으면 안 되었다. "지배하느냐, 아니면 멸망하느냐다"라고 탈리앵은 말했다. 왕당파와 자코뱅파 사이에서 끝없이 동요하면서 어떻게든 균형점을 찾아 정권을 '영구화'하는 것, 그것이 테르미도르파의 목표였다.

그러나 테르미도르파의 그런 목표는 그것을 실현하기 위한 사회적 토대를 찾아낼 수 없었다. 부르주아지는 아직 유약했고, 기계제 공업과 발전된 신용·유통 조직은 아직 존재하지 않았다. 토지재산이나 상업활동이 아직도 경제활동의 주요한 형태였으며, 부르주아적 부富는 여전히 귀족층의 반격과 민중의 행동을 두려워해야만 하는 상태에 놓여 있었다.

따라서 부르주아 정권의 안정은 단지 정치적 균형 속에서만 추구할 수 있었다. 그리고 그 균형은 의회에서의 토의나 설득이 아니라 최종적으로는 '무력행사'를 통해서만 달성될 수 있었다. 테르미도르파는 좌파와 우파 양쪽으로부터 오는 위험에 대해 망설이다가 결국 '병사들에게 보내는 호소'를 반복했다. 1794년까지의 혁명이 늘 '파리의 거리' 시민들에게 호소한 것과는 달리 테르미도르 이후는 언제나 군대에 도움을 요청했다. 그 길은 곧바로 '보나파르트 독재'로 통하는 길이었다.

반동과 물가급등과 식량부족 속에서 민중의 투쟁이 고개를 쳐들었다. 공화국 3년(1795) 봄에는 전년도 흉작의 영향으로 파리에서는 식량 재고가 바닥났다. 자코뱅파의 추방을 지켜봤던 민중은 이번에는 '1793년 헌법'을 실시하라고 국민공회를 압박했다. 새싹의 달

(芽月, 제르미날Germinal) 1일(5월 27일)에는 다시 한번 소동이 일어났다. 군중이 국민공회를 점거하고 의원 한 사람을 학살했다. 테르미도르파는 사태를 정관했다. 프레리알 1일(5월 20일), 의원들 가운데 6명의 산악파가 나서서 민중의 요구에 응해 임시정부를 만들기로 결정했다. 분쟁은 사흘간 이어졌다. 거기서 테르미도르파는 다시 한번 군대를 움직여 산악파 의원들을 체포하고 민중운동의 거점인 생탕투안 거리에 포탄을 퍼부어 철저히 탄압했다. '백색 테러'라 불린 반동의 공세가 시작됐고 6명의 산악파 의원들을 포함한 30명이 사형에 처해졌다. '프레리알(Prairial, 풀의 달草月)의 순교자'에 이어 리옹, 마르세유 등지에서도 자코뱅파가 궁지에 몰리고 학살당했다. "도처에서 사람의 머리를 자르고 있다"고 한 의원은 보고했다. 프레리알의 탄압으로 민중의 혁명적 에너지는 결정적으로 파손당했다. 이후 그들은 수십 년간 침묵할 수밖에 없게 될 것이다.

자코뱅파와 민중세력을 격퇴한 테르미도르파는 '1793년 헌법'을 장사지내기 위해 '공화국 3년의 헌법' 즉 1795년 헌법을 작성했다. 이것은 산악파의 헌법과는 정면으로 대립하는 헌법이며, 그런 목적으로 만들었다. 그들은 거기에 덧붙여 이 헌법에 따라 치러질 선거로 뽑힌 의원들은 그 3분의 2(500명)까지가 옛 국민공회 의원이어야 한다는 유명한 '3분의 2 법령'을 가결했다. 이 법령은 선거에 앞서 미리 의석을 확보해두려는 "테르미도르파적 정신의 걸작"(장-자크 슈발리에Jean-Jacques Chevallier, 1900~1983)이었다.

이 법령은 우익 왕당파를 자극했다. 왜냐하면 이 법령은 우익세력의 권력욕을 사전에 봉쇄했기 때문이다. 선서거부 성직자와 망명귀족이 세를 회복하자 파리에서는 부자들이 사는 중심부 지구가 왕당파에 가담했다. 그들은 구제도의 부활을 주장하면서 시해자 처벌과 신분제 부활, 국유재산 매수인 총살 등을 주장했나. 루이 16세의 동생 프로방스 백작은 6월, 스스로 루이 18세라 칭하고 혁명가 처벌과 구질서 재건에 대한 선언을 발표했다. 이것은 테르미도르파뿐만 아니라 혁명으로 국유재산을 손에 넣은 모든 소유자 계급을 위협하기에 충분했다.

포도의 달(Vendémiaire, 방데미에르) 13일(10월 5일)에 왕당파가 폭동을 일으켰고 지구地區는 국민공회를 공격했다. 폭도를 격퇴하는 임무가 바라스에게 부여됐다. 그는 일찍이 툴롱 공격 때 알게 된 나폴레옹 보나파르트를 부관에 발탁했다. 보나파르트는 로베스피에르파로 간주돼 테르미도르 이후 투옥됐었는데, 출옥 뒤에는 생활이 어려워져 터키로 갈 계획을 짜고 있었다. 그는 바라스의 부인을 통해 이 구귀족 악덕정치가를 알게 됐다고 한다. 나폴레옹은 파리 시내에서 대포를 마구 쏘아 왕당파를 분쇄한 뒤 '방데미에르 장군'이라는 별명을 얻었다.

국민공회는 방데미에르 3주일 뒤 "공화국 만세"를 외치며 해산했다. 1795년 헌법이 그들이 남긴 유산이었다. 이 헌법은 2년 전의 산악파 헌법 뒤집기였다. 1793년 헌법은 무엇보다 먼저 민주주의적이었으나 이 헌법은 무엇보다 먼저 자유주의적이고 부르주아적이었다. 그것은 직접보통선거제를 물리치고 1791년 헌법과 마찬가지로 재산자격에 따른 제한선거제를 채택했다. 이 헌법 발안자 가운데 한 사람인 부아시 당글라는 말했다. "우리는 가장 훌륭한 인물의 통치

를 받아야 한다. 가장 훌륭
한 인물이란 가장 교양 있
고, 법의 유지에 가장 큰 관
심을 기울이는 사람이다."
그런데 그런 인물은 아주
드문 예외를 빼면 "재산을
소유하는 사람들" 속에서
만 찾을 수 있다. 그리하여
산악파 헌법의 토대였던 루
소의 이론이 배제당하고 몽

나폴레옹 보나파르트.

테스키외적인 의회주의가 채용됐다. 소환제(리콜제)와 인민집회 등
은 이미 거론되지도 않았다.

　　권력조직을 보면, 이 헌법은 권력을 매우 엄격하게 분할했다.
산악파 독재의 재발을 방지하기 위해 세심하게 신경 쓰면서 권력의
세분화와 약체화를 시도했다. 입법권은 원로회의(최저 나이 40살, 250
명)와 5백인회의로 이원화됐고, 모두 매년 3분의 1씩 개선된다. 법안
은 5백인회의가 제출하고 원로회의가 가결 여부를 결정한다. 행정권
은 5백인회의가 제출하는 후보자 리스트 가운데서 원로회의가 뽑은
5인 총재가 담당한다. 이것이 총재정부인데, 5인의 총재는 자신들의
의지를 소통을 통해 알릴 길이 없고 재정상의 권한도 전혀 갖지 못
했으며, 법안의 발의권도 없었다. 입법과 행정 사이는 차단되고 행정
그 자체도 세분화돼 각기 암실 속에 들어앉아 있는 것과 같았다. 누
가 정치의 책임을 지는지 분명치 않았고 각각의 국가장치들은 서로

를 방해하기 위해서만 존재하는 데 지나지 않았다.

　무사평온한 시기에 법치주의 체제만 갖추면 되는 국가라면 이런 헌법이 어떤 기능을 할 수 있을지도 모르겠다. 하지만 그런 조건은 당시에는 아직 존재하지 않았다. 따라서 현실의 정치는 규칙대로 절차를 밟아서 작동될 수 없었다. 고심해서 만든 정치제도는 오히려 비합법 수단인 쿠데타를 필연적인 것으로 만들었다. 쿠데타만이 현실에 정치적 보장을 제공하는 유일한 수단이 된 것이다.


## 2. 균형권력을 향하여


1795년 10월 27일, 공화국 3년의 헌법을 토대로 총재정부가 수립됐다. '3분의 2 법령'으로 양원의 다수는 테르미도르파가 차지해 이전과 같은 정책을 추구했다. 이 정권도 또한 좌파와 우파 양쪽으로부터 공격을 받아 매우 불안정했다. 오히려 이 정권이 4년이나 유지된 것이 이상할 정도였다.

　왕당파의 폭동을 진압하자마자 총재정부는 우파의 대두를 저지하기 위한 대항장치로 민주주의자들이 모이는 팡테옹Pantheon 클럽 창설을 지원했다. 이 클럽에는 자코뱅파의 잔당과 감옥에서 갓 석방된 바뵈프가 가담했다. 정부는 왕당파에 대항하는 좌파 행동대를 조직할 작정이었다. 그러나 계속되는 인플레이션과 식량부족으로 팡테옹 클럽 가입자들이 불어났고 바뵈프 등이 기고하는 신문의 논조는 점점 날카로와졌다. 거의 휴지조각이 된 아시냐는 폐지되고(1796년 3월) 새로 토지어음이 발행됐으나 이마저도 아시냐와 마찬가지로 가치가 폭락했다.

바뵈프는 북프랑스의 가난한 집안에서 태어나 혁명 시기에는 과격파와 연락하며 지하활동을 했고, 테르미도르 이후에는 좌파의 중심인물로 떠오른 사람이다. 그는 썼다. "일반적으로 정치혁명이란 무엇인가. 특히 프랑스 혁명이란 무엇인가. 그것은 특권자와 평민, 부자와 가난한 자들 사이에 벌어지는 전쟁이다." 그는 법률상의 평등이 아니라 사실상의 평등을 추구했다. "거기에 도달하는 유일한 수단은 공동관리를 수립하는 것이다. 사유재산을 폐지하고 각자의 재능을 그 사람이 잘 하는 일과 엮어주고 그 성과를 각자 공동보관소에 내게 해서 분배관리체제를 세우는 것이다." 여기에는 명백히 공산주의 지향성이 있었다.

바뵈프들의 '평등파 음모'는 1796년 2월, 팡테옹 클럽이 정부에 의해 폐쇄된 뒤 반란위원회를 결성하는 데까지 나아갔다. 그들은 '군대에 공작'하여 병사들을 모집하고, 무력봉기를 통해 독재권력을 수립하는 길을 택했다. 그들은 이를 통해 혁명을 최종적으로 완성하고 사실상의 평등사회를 실현하려 했다. 그들에 따르면 "프랑스 혁명은 훨씬 더 거대하고, 훨씬 더 장엄한 최종적인 또 하나의 혁명을 일으키기 위한 선구자 역할을 하는 데 지나지 않았다." 그리하여 그들은 놀라울 정도로 정확하게 사회주의 혁명을 예언했다.

그러나 바뵈프들의 실천행동에는 의문스러운 점이 많았다. 바뵈프의 반란위원회는 1796년 5월 10일(꽃의 달 '플로레알' 21일), 동료의 배신으로 모두 체포당하고 마는데, 그때까지 그들의 운동이 민중의 자발적인 요구나 행동과 얼마나 폭넓게 연계돼 있었는지를 확인할 수 있는 자료는 발견되지 않았다. 오히려 바뵈프 운동은 소수의 정치적 불평분자들의 책동이라는 색깔을 띠고 있었다. 정부 쪽의 바라스나 탈리앵은 바뵈프 운동에는 왕당파로부터 자금이 흘러들어가고 있다고 공격했으나(4월), 팡테옹 클럽을 처음 지원한 것은 바라스였다. 운동으로서의 바뵈프주의는 총재정부의 균형정책에 놀아나고 있었는지도 모른다.

좌파의 공격이 멈추자, 역학적인 정확성으로 이번에는 우파가 공격을 가했다. 왕당파는 가톨릭 성직자와 대부르주아들을 거느린 채 공공연하게 결사를 조직하고 영국으로부터 자금을 지원받았으며, 한편으로는 민중을 선동하는 동시에 또 한편으로는 합법적인 선거운동을 벌였다. 1797년 2월, 바뵈프 일파에 대한 재판이 끝났다. 바뵈프와 다르테(Augustin Alexandre Darthé, 1769~1797)는 사형에 처해졌다. 나머지는 유형에 처해졌는데, 그 뒤의 공포상태는 왕당파에게는 아주 유리한 상황이었다. 양원의 3분의 1을 개선하는 첫 선거가 치러졌고(1797년 3~4월), 216명의 개선의원들 중 재선된 자는 겨우 13명, 신입 의원들 대다수는 왕당파적 성향을 지니고 있었다. 총재의 한 사람으로 왕당파가 뽑혔다. 반동의 공세가 총재정부를 떠내려보낼 위험이 닥쳐왔다.

총재의 한 사람인 바라스는 무력으로 왕당파를 탄압하기로 결의했다. 나폴레옹 보나파르트는 이탈리아 방면군 사령관이 돼 전장을 옮겨다니고 있었는데, 그 자신은 내분에 관여해 정치가의 어용 노릇을 할 의지가 없었다. 보나파르트는 부하 오주로(Charles Pierre François Augereau, 1757~1816)를 파견했다. 1797년 9월 4일(공화국 5년 열매의 달 '프뤽티도르Fructidor' 18일), 파리에 입성한 군대의 압력 속에 바라스는 반대파 총재와 카르노 및 13명의 의원들을 체포하라고 명령했다. 왕당파를 제외한 양원 의원들은 198명에 이르는 의원들의 당선을 무효화하고, 망명귀족과 선서거부 성직자들에게 이익을 주는 법령을 폐지했다. 이것이 '프뤽티도르 쿠데타'이다. 테르미도르 파는 이 쿠데타로 가까스로 명맥을 유지했다.

좌우로부터의 공격을 언제나 군사력으로 극복한다는 정책은 당연히 군대의 권위를 높여주고 군사 지도자에게 정권장악의 길을 열어주었다. 군대에서는 여전히 공화주의 정신이 살아 있었다. 사관들도 병사들도 진심으로 왕정과 성직자들을 증오했다. 테르미도르 파가 국민공회를 장악한 시기에도 전선에서는 승리가 이어져 라인 좌안左岸과 네덜란드를 점령했다. 1795년 1월에는 바타비아 공화국 (Bataafse Republiek. 네덜란드 공화국의 뒤를 이어 1806년 6월 루이 보나파르트가 홀란드왕국 국왕으로 등극할 때까지 존속―옮긴이)을 세웠고, 봄부터 여름에 걸쳐 프러시아, 네덜란드, 스페인과 강화조약을 맺었다. 남은 것은 오스트리아, 영국과의 싸움이었다. 오스트리아와의 전쟁 때 보나파르트는 이탈리아 방면에서 북상해서 오스트리아군을 공격한다는 계획을 세웠다. 이 계획은 1796년부터 다음 해에 걸쳐 실행됐다. 보나파르트는 이탈리아의 밀라노, 제노아, 나폴리 등을 정복한 뒤 1797년 오스트리아로 진격했고, 마침내 오스트리아와 강화조약을 체결했다. 9월의 프뤽티도르 쿠데타 직후 총재정부는 그 여세를 몰아 나폴레옹에게 오스트리아와 캄포포르미오 조약(Treaty of Campo Formio, 1797년 10월 17일)을 체결토록 했다. 프랑스는 벨기에와 라인 좌안을 손에 넣었다. 마지막으로 영국과의 싸움이 남았다.

국내로 눈을 돌려보자. 프뤽티도르 쿠데타로 오른쪽으로 기울었던 진자振子는 이번에는 왼쪽으로 기울었다. 지루한 반복이었다. 총재정부의 균형정책은 인기를 잃었고, 1798년 4월 선거에서 반대파는 자코뱅파를 앞세워 300석 이상의 의석을 획득했다. 총재정부는 양원에 공작을 벌여 새 당선자들을 여러 가지 구실로 배제할 수 있는 법률을 만들게 했다. 거의 100명이나 되는 당선자들이 이런 야비한 방법에 의해 배제당했다. 공화국 7년 꽃의 달(플로레알) 22일(1798년 5월 11일)의 쿠데타다.

정치정세가 숨 돌릴 새 없이 바뀌어가는 가운데, 느린 속도이긴 했지만 경제 재건공작이 진행됐다. 사회 내부에서는 혁명의 결과로 사유재산을 지닌 자들이 늘었고, 그 토대 위에 자유경제가 부활했기 때문에 산업과 상업이 움직이기 시작했으며, 극도의 식량부족 사태도 사라졌다. 1797년 2월에는 인플레이션 정책에서 이탈해 정화(正貨, 본위 화폐)유통으로 복귀했고, 9월에는 균형예산이 짜여져 국가부채는 3분의 2로 줄었다. 1798년에는 직접세의 징수방법을 고쳐 간접세를 포함한 조세체계가 정비됐다. 교육, 공공사업, 정부통계도 정비됐으며, 9월의 산업박람회는 대성공을 거두었다. 1796년과 1798년에는 풍작으로 물가가 내려가 민중의 생활은 호전됐다. 공업은 전쟁과 혁명의 피해에서 회복했다고 하긴 어렵고, 농업생활도 전체적으로는 아직 1789년의 수준보다 낮았지만 발전 궤도에는 올라 있었다. 다만 약체인 총재정부와 영국과의 전쟁이 경제발전을 위태롭게 만드는 악재였다.

1799년 4월 선거에서는 전년도에 의회에서 축출당한 좌파 의원들이 적극적으로 활동했다. 자코뱅파의 신문이 발간되고 결사社들이 조직됐다. 한편으로는 프랑스에 적대하는 제2차 유럽동맹이 결성돼 20만 명의 징병이 시작되면서 또다시 전쟁 분위기가 고조됐다. 이탈리아 전선에서는 프랑스군이 러시아군에 격파당했고, 나폴레옹의 이집트 원정도 계속 어려움에 봉착했다. 이런 일들은 모두 총재정부에게 불리한 조건이었다. 선거 결과, 새 의원 315명 중 정부 지지자는 70명밖에 되지 않는 소수였다. 정부 반대파는 다수가 자코뱅파였으나 왕당파나 가톨릭도 정부반대라는 입장에서는 자코뱅파 편이었다.

총재정부는 좌파에 대해서는 우파를, 우파에 대해서는 좌파를 대립시키는 것을 유일한 정책으로 삼았으나 반정부 전선이 통일되자 정부에게는 출구가 없어졌다. 정부 교체가 이뤄져 시에예스가 총재의 한 사람이 됐으며, 공화주의자들이 각 성省의 장관이 됐다. 이는 공화국 8년 목장의 달(프레리알) 30일(1799년 6월 18일) 쿠데타로 불리는데, 실은 의회가 정부에 대해 감행한 보복이었다.

시에예스, 그는 《제3신분이란 무엇인가》로 유명해졌고, 1789년 6월의 제헌의회에서 스타였다. 프랑스 혁명의 막을 올린 이는 그였다. 웅변가가 아니라 음울한 성격이었던 그는 그 뒤에 혁명 노선에서 배제돼 국민공회 시절에는 침묵을 지키며 살아 남았다. 딱 10

년 만에, 혁명이 끝나가던 바로 그때 그는 다시 햇살 한가운데에 섰다. "혁명의 두더쥐", 일찍이 로베스피에르는 그를 그렇게 불렀다. 혁명기에 여러 헌법이 만들어졌으나 그것이 모두 실패로 끝날 때마다 '철학자' 시에예스의 주가는 올라갔다. 1799년, 그는 베를린 주재 대사였는데, "시에예스가 아니고는 그 누구도 공화국을 통치해서 번영시킬 수 없다"는 평판을 외교가에서 얻었다.

시에예스를 총재로 추대한 것은 자코뱅 세력이었다. 자코뱅파는 로베스피에르와 바뵈프가 하고자 했던 일을 완수하겠다고 선전했다. 그들은 공공연히 "바뵈프의 복수자復讐者"임을 자처했다. 시에예스는 내심 그들을 두려워했다. 그는 이미 나이 50이 넘었지만 로베스피에르에 대한 공포에 사로잡혀 있었던 듯하다. 어느 때 그는 하인에게 이렇게 말했다. "만일 로베스피에르 씨가 오시면, 외출 중이라고 얘기해주게." (죽은) 로베스피에르가 올 리 없었다.

자코뱅 세력이 머리를 쳐드는 상황에서 시에예스가 할 수 있는 것은 또다시 군인의 힘에 기대는 것이었다. 나폴레옹 보나파르트는 그때 이집트 원정에 실패하고 막 돌아온 참이었다. 시에예스는 보나파르트를 선택했다. "나는 위대한 보나파르트와 함께 나아가려고 한다. 왜냐하면, 그는 모든 군인들 중에서 아직 가장 시민적이기 때문이다"라고 시에예스는 말했다. 그리하여 프랑스 혁명 최후의 쿠데타가 상연된다.

공화국 8년 안개의 달(브뤼메르) 18일(1799년 11월 9일), 원로원회의가 임시로 소집돼, 자코뱅파가 음모를 꾸미고 있다는 구실로 양원을 파리 근교 생클루Saint-Cloud로 이전하고, 보나파르트를 파리의 군사지휘관에 임명한다는 안건을 가결했다. 있지도 않은 음모를 이유로 진짜 음모가 연출된 것이다. 총재정부 내부에서는 시에예스가 심복인 로제 뒤코스(Pierre Roger Ducos, 1747~1816)와 짜고 바라스 등을 사임하도록 몰아갔다. 이것은 1795년 이래 총재를 맡아 온 바라스를 내쫓겠다는 것이었는데, 바라스는 순순히 사임을 받아들였다.

다음 날인 19일, 양원이 생클루에서 개원됐고, 군대가 그곳을 에워쌌다. 원로원 회의에서는 전날의 결정에 대한 이견이 속출하고 헌법을 옹호하자는 소리가 거세졌다. 보나파르트는 회의장에 들어가 발언했지만 아무 효과도 없었다. 다만 "헌법은 어찌되는가"라는 한 의원의 외침에 이렇게 대답했다. "헌법은 여러분 자신이 프뤽티도르 18일에 파괴했고, 플로레알 22일에 파괴했으며, 프레리알 30일에 파괴하지 않았는가. 헌법은 이미 존재하지 않는다." 이것은 총재정부의 아픈 곳을 찌른 말이었다. 이어서 보나파르트는 5백인회의에 모습을 나타냈는데, 거기에서는 반대파가 더욱 강경해서 "그를 법 바깥에 두라!"는 고함과 함께 그를 돌려보냈다. 5백인회의 의장은 나폴레옹의 동생 뤼시앵 보나파르트(Lucien Bonaparte, 1775~1840)였는데, 그는 형에게 곧바로 행동에 들어가라고 권했다. 뤼시앵은 장외의 군대에게 연설하고 병사들을 회의장에 투입해 결국 5백인회의를 해산시켜버렸다.

이어서 원로원회의, 그리고 밤에 5백인회의 소수자들이 의회의 정회를 결정하고 총재정부를 대신하는 3인의 '통령Consul'이 제출하는 법안의 심의와 새 헌법 작성을 담당하는 2개의 위원회를 설치하기로 결정했다. 3인의 통령은 보나파르트와 시에예스와 로제 뒤코스

쿠데타를 하기 위해 5백인회의 회의장에 들어간 나폴레옹.

짧게 쓴 프랑스 혁명사

였다. 프랑스 혁명의 막을 올린 시에예스는 그 자신의 손으로 혁명의 막을 내렸다. 이는 혁명의 실천가가 아니라 '혁명의 교사'라는 평판에 어울리는 행동이었다.

시에예스는 보나파르트를 "가장 시민적인 군인"이라 불렀는데, 보나파르트 속에는 분명 프랑스 혁명이 살아 있었다. 그는 시에예스와 마찬가지로 "18세기의 정신"을 체현한 사람이었다. 브뤼메르 18일에 그는 말했다. "우리는 평등과 도덕과 시민적 자유와 정치적 관용의 기초 위에 세워진 공화국을 바란다." 마지막의 '정치적 관용'만큼은 명백히 거짓말이었으나 그는 사회혁명으로서의 프랑스 혁명의 원칙에는 충실했다.

나중의 나폴레옹 헌법은 장중하게 이렇게 명기했다. "프랑스 국민은 국유재산의 매도가 합법적으로 수행된 것이라면 그 재산의 기원이 무엇인지 묻지 않으며, 정당한 매수인의 소유는 빼앗길 수 없다는 것을 선언한다." 왕당파와 성직자들의 반혁명운동에 대해 공화주의 부르주아지와 농민들이 필사적으로 지키려고 한 것이 바로 이것이었다. 그리고 그것만 확보되면 그들은 그것으로 만족했다. 중산계급 대다수는 오래 계속된 혁명의 격동에 지쳐 있었고, 또 혁명을 모르는 새로운 세대도 자라나고 있었다. 분명히 자코뱅은 살아 있었고, 왕당파도 현실에 존재하고 있었다. 그러나 인간은 오래 변함없이 이어지는 신경의 긴장을 견뎌낼 수 없는 존재다. 사람들은 잠시 숨 돌릴 틈을 원했다. 그리고 조직도 없이 무정형한 중간층 대중이 한번 활동정지 상태에 들어가면 그것 자체가 하나의 정치력으로 작용하게 된다.

나폴레옹은 혁명이라는 독한 술로 무감각한 상태에 빠진 국민 심리를 통찰하고 손쉽게 권력을 손에 넣었다. 그리하여 모든 사람들이 각자의 입장에서 걸고 있던 기대를 이 작은 체구의 남자 군인 한 사람에게 가탁했다. 군인(장교)도, 병사도, 부르주아도, 농민도, 소시민도, 그리고 정치가까지도. 나폴레옹은 이 '막대한 오해'를 토대로 영국을 비롯한 전 유럽을 상대로 한 장대한 전쟁을 전개함으로써 다시 한 번 세계를 놀라게 만든다.

짧게 쓴 프랑스 혁명사

종장終章 "혁명은 끝났다"

"혁명은 끝났다"고 나폴레옹은 말했다.

　이 말을 한 것은 그가 처음은 아니었다. 그는 이 말을 한 최후의 인간이었다. "혁명은 끝났다. 혁명이여, 멈춰라!"라는 외침은 1789년 이래 여러 당파와 계층에서 반복돼 왔다. 그러나 혁명은 멈추지 않았다.

　1789년의 바스티유 파괴와 농촌에 휘몰아친 '대공포'의 뒤를 이어 왕과 왕당파는 "혁명은 끝났다. 혁명이여, 멈춰라!"라고 외쳤다. 그러나 혁명은 멈추기는커녕 그때 막 시작됐을 뿐이다. 10월의 베르사유 행진으로 무니에는 의회를 떠났고, 귀족들은 망명하기 시작했다. 중농주의자 뒤퐁은 다음 해인 1790년 7월 14일의 기념일 '연맹제'를 기해 혁명에 종지부를 찍으려 했다. 그러나 그것은 마라로부터 한층 더 거센 공격을 받게 만들었을 뿐이다.

　1791년이 되자 왕당파는 혁명의 소용돌이 속에서 왕을 빼돌리는 방책을 세웠다. 6월 20일 국왕의 바렌 도주는 혁명을 저지하기 위해서는 반드시 반격 전술이 필요하다는 정세판단의 결과였다. 왕은 붙잡혔으나 그의 결단은 의회에 충격을 주었다. 바르나브를 비롯한 삼두파는 라파에트 등과 손을 잡고 실력을 행사해서라도 혁명을 끝

1790년 7월 14일, 파리의 연맹제에서 선서하는 라파예트.

짧게 쓴 프랑스 혁명사

내려고 했다. 샹드마르스 유혈사건(7월 17일)은 그 증거다. 바르나브는 "우리는 혁명을 끝내려 하고 있는가, 그렇지 않으면 다시 한번 시작하려 하고 있는가"라고 말했는데, 그는 1791년 헌법이 규정한 입헌군주정과 제한선거제 속에서 새로운 프랑스의 모습을 보았다. 제헌의회가 막을 내리면서 혁명은 끝난 것처럼 보였다.

그러나 이런 과정은 실은 '제1차 혁명'이 끝난 것을 의미한 데에 지나지 않았다. 지주와 대자본가들에게는 그 정도의 혁명으로도 충분했다. 봉건적 특권은 사라졌고, 교회재산은 몰수됐으며, 종교는 국가제도 속에 편입됐다. 경제활동은 자유로워졌고, 특권과 길드를 폐지하면서 노동자들의 단결권도 부인해버렸다. 이는 특히 '재산가'나 '실업가實業家'들에게 유리하게 작용했다. 교회재산은 부르주아지가 사들였다. 1793년까지 광대한 교회령의 절반 내지 그 이상이 부르주아 손에 넘어갔다. 국유재산 매수는 가치가 떨어진 아시냐가 액면가 그대로 유통되는 유일한 기회였기 때문에 부르주아가 그 기회를 놓칠 리 없었다. 귀족을 대신해 지주와 부르주아가 사회와 국가의 새 주인공이 되려 하고 있었다.

제헌의회의 종막에 즈음해 로베스피에르는 "하지만 혁명이 끝났다고 나는 생각하지 않는다"고 말했는데, 이 말은 날카로운 예언이었다. 사회적으로는 광범한 농민층, 소부르주아 계급이 아직 혁명의 소용돌이 바깥에 남겨져 있었다. 농민들 중 부농층은 농촌 부르주아로 교회재산 매수에 참가했으나 대다수 농민들은 매수해야 할 면적이 큰 데다 가격이 너무 비싸 눈앞에서 교회령이 그 주인을 바꾸고 있는 것을 손가락을 빨며 지켜볼 수밖에 없었다. 그뿐만이 아니다. 자영농민들에게는 봉건지대를 매수하라는 명령이 떨어졌다. 20년 내지 25년분의 지대를 한꺼번에 지불하지 못할 경우 봉건제에서 해방될 수 없었다.

'제2차 혁명'은 불가피했다. 그것은 절실히 필요했다. 1791년 말부터 1792년에 걸친 농민폭동과 소요는 입법의회가 망명귀족의 재산을 압류하게 만들었다. 부르주아지와 농민은 새 노획물을 손에 넣었다. 하지만 그것은 오스트리아, 프러시아, 망명귀족, 왕당파로 구성된 연합세력과 혁명세력 간의 공공연한 적대, 곧 전쟁을 피할 수 없게 만들었다. 1792년 8월 10일의 혁명은 병사와 농민과 도시 소시민의 애국주의와 혁명적 에너지가 얼마나 큰지 입증해준 사건이었다. 봉건적 부담은 완전히 일소되고 국유재산을 농민들이 쉽게 손에 넣을 수 있는 형태로 매도하는 조처가 승인됐다. 부르주아와 중산층 농민은 모두 해방됐다.

8월 10일의 혁명 뒤 정권의 귀속을 둘러싸고 부르주아파와 소부르주아파가 격렬하게 싸웠다. 농민이 현실의 영주적 지배를 추방하고 도시의 민중이 자치조직을 수립하기 위해서는 자코뱅적 강제, 즉 '테러'가 필요했다. 지롱드파의 자유주의와 개량주의는 그런 요구를 충족시킬 수 없었다. 자유를 현실적으로 수립하기 위해서는 강제를 통해 '자유의 적'을 물리쳐야만 했다. "자유를 위한 싸움은 분노를 품고 하지 않으면 안 된다"고 생쥐스트는 말했다. 로베스피에르는 "혁명 없이 혁명을 바랄 순 없다"고 역설했다. 1793년 5월 31일에 시작되는 산악파 독재는 그런 요구에 부응한 것이었다. 이를 '제3차 혁명'이라 할 수 있을까.

산악파는 '제3차 혁명'을 꿈꿨다. 8월 10일의 혁명 뒤에는 농촌의 빈농층과 도시 하층민들이 (혁명 바깥에) 남겨져 있었다. 빈농은 국유재산 매수에 참가할 수 없었고, 도시의 민중은 식량난과 물가폭등으로 매일 피해를 입고 있었다. 그들의 적의는 부르주아와 부농을 향하고 있었다. 그들은 이미 헌법이나 정치적 자유 속에서 자신들의 해방을 얻어낼 수 없다는 것을 알고 있었다. 투쟁은 사회적 색채를 띠고 있었다. 사유재산에 대한 공격, 재산 공유제 요구가 등장했다. 산악파, 특히 로베스피에르는 이런 운동의 배후에 있는 민중의 요구를 가늠하면서 모든 사람들을 소부르주아적 근로자로 만드는 '평등의 공화국'을 세우려고 했다. "부자도 가난한 이도 모두 필요없다"고 생쥐스트는 말했다. "모든 사람들이 일하고, 서로 존중해야 한다." 그것은 검소, 근면, 도덕, 조국애로 떠받쳐진 '미덕의 공화국'이었다.

산악파는 빈곤을 근절하기 위해 국유재산을 빈민에게도 분배하고 최고가격제를 실시했으며, 매점매석과 투기를 억제했다. 또 한편으로 그들은 '최고존재의 제전'을 열어 '평등 공화국'을 신성화하려 했다. 혁명적 소부르주아파는 사람들의 도덕심에 호소함으로써 혁명을 존속시키려 했다.

레닌은 "진정한 혁명가에게 가장 위험한 것은 혁명성을 과장하는 것이다"라고 하면서 혁명을 대문자로 쓰거나 혁명을 거룩한 것으로 떠받드는 것을 경계했다. 산악파는 1793년 여름에 이르러 혁명을 과장하고 성화聖化하는 것 외에 달리 혁명을 지속시키는 방책을 찾아내지 못한 것으로 보인다.

부르주아지는 물론 산악파의 정책에 위구심을 품고 있었고, 국유재산을 매수한 중농층은 이제 사유재산 소유자로서 보수적으로 변해 있었으며, 빈농과 하층 도시민들은 자신들의 대표자인 과격파나 에베르파가 탄압당하는 것을 보고 방심과 혼미 속을 헤매고 있었다. 전쟁이 일단 승리를 거둔 것과 동시에 로베스피에르파는 몰락했다. '제3차 혁명'은 산악파에 의해 윤곽이 그려진 채 좌절했다. 자본주의가 막 출발하려 하고 있을 때 모든 인간을 소부르주아로 육성해 고정시키려 한 것은 역사의 법칙 그 자체에 대한 도전이었다. 비장한 좌절을 피할 수 없었다.

로베스피에르는 그 뒤 오랜 기간에 걸쳐, 그리고 지금도 여전히 '독재자' '흡혈귀'로 두려움의 대상이 돼 있지만, 그것은 로베스피에르에겐 오히려 명예가 아닐까. 왜냐하면 로베스피에르야말로 민중의 힘을 토대로 자본의 지배에 단호하게 맞서 싸우고자 했고, 한때나마 그것을 성공시킨 최초의 인간이기 때문이다.

테르미도르(반동)와 함께 부활한 것은 부르주아지였다. 부르주아지는 산악파가 파괴한 봉건제의 폐허 위에 '자본의 낙원'을 쌓아올렸다. 이는 부르주아만의 힘으로 실현된 것은 결코 아니다. 하지만 그들은 이 낙원을 총검의 힘으로 지켜내려 했다. 그 하나는 왕당파로부터, 또 하나는 자코뱅파로부터.

사태의 추이는, 부르주아적인 정치가와 의회주의적인 방법으로는 좌우 양쪽으로부터의 공격에서 그 낙원을 지켜낼 수 없다는 것을 보여주었다. 이제 막 발아한 산업자본을 보호하기 위해서는 강대한 군사력과 군사독재가 필요했다. 부르주아는 부르주아적 지배를 유지하기 위해 부르주아적 정치방식인 의회주의를 폐기하지 않을

나폴레옹 대관식(자크 루이 다비드 그림).

수 없는 역설에 빠졌다. 혁명 덕택에 이제까지의 자경지에다 새로운 국유재산까지 추가로 얻게 된 수백만의 농민들, 이른바 '분할지 농민'들은 보나파르트의 집행권력 강화를 환영했다. 왜냐하면 그들은 보나파르트의 권력이 왕당파의 공세뿐만 아니라 테르미도르나 총재 정부 시대의 자유롭고 무제한적인 자본의 공세로부터도 자신들을 지켜줄 것이라 믿었기 때문이다. 따라서 나폴레옹은 "혁명은 끝났다"는 것을 장중하게 선언하는 것과 동시에 혁명의 유산을 지켜내겠다고 맹세해야 했다.

나폴레옹 시대에 자본주의는 급속도로 발전해 '산업혁명'이 착착 진행됐다. 부르주아 혁명이 역사로부터 부여받은 과제는 프랑스 혁명을 통해 모두 실현됐으며, 이제야말로 그 성과를 거두어들일 시기가 당도했다. 혁명은 부르주아지의 마음에 공포의 기억과 다소간의 좋지 않은 뒷맛을 남기면서 최종적으로 막을 내렸다.


부르주아 국가가 출발한 시기는 동시에 그다음의 혁명인 프롤레타리아 혁명을 향한 이론형성과 모색이 시작된 시기였다. 마르크스는 독일에서 부르주아 혁명을 성공시키려면 어떻게 하면 좋을지에 대해 골똘히 생각했다. 그는 그 열쇠를 부르주아지가 아니라 프롤레타리아트 속에서 찾아냈다. 프롤레타리아, 즉 '제4계급'이 지도하는 부르주아 혁명이라는 것이 후진국들 혁명의 목표가 됐다.

사회주의 혁명과 함께 세계사의 중심은 프랑스도 유럽도 아닌 동방으로 이동했다. 동방에서는 프랑스가 걸었던 부르주아 혁명의 길process을 열심히 추구하면서 자신들도 그렇게 되려는 싸움이 오랜 기간 계속됐으나, 20세기에 러시아와 중국에서는 부르주아 혁명을 넘어서려는 비약이 시도됐다. 그리고 혁명은 성공했다. 부르주아 혁명의 또 한 걸음 앞에는 사회주의 사회를 지향하는 프롤레타리아 혁명이 존재한다는 것이 여기서 실증됐다.

그러나 레닌은 1917년의 러시아 혁명을 2년 앞둔 1915년에 이렇게 썼다.

"위대한 부르주아 혁명가에게 가장 깊은 존경의 염을 품지 않는다면 마르크스주의자일 수 없다. 이들 혁명가는 '부르주아'적 조국의 이름으로 말할 역사적 권리를 갖고 있다. 그들은 봉건제에 대한 투쟁 속에서 몇 천만의 신흥민족을 문명생활로 일으켜세웠다."
그럴 때 그는 특히 로베스피에르를 거명하는 것을 잊지 않았다. 그
는 부르주아 혁명과 사회주의 혁명 사이에 깊은 연관이 있다는 것을
알고 있었다. 사실 러시아 혁명의 한 걸음 한 걸음은 프랑스 혁명 때
의 자코뱅의 싸움과 공안위원회와 파리 콤뮌의 경험을 귀중한 선례
로 배우면서 전진할 수 있었다.

그리하여 프랑스 혁명은 지구상의 모든 민족과 민중이 '자유,
평등, 우애'를 위한 싸움을 멈추지 않는 한 틀림없이 영원히 살아 있
을 것이다.

## 프랑스 혁명 인물 약전略傳

### 나폴레옹 Napoléon, 1769~1821

성은 보나파르트, 코르시카의 명문. 프랑스에서 군인이 돼 18세기 사상을 배웠다. 혁명 중에는 혁명에 동조하는 하급장교로 근무했으며, 1793년 말 툴롱 항 포격으로 유명해져, 로베스피에르의 동생과 지기知己가 됐고, 1794년엔 이탈리아군 포병사령관이 되었다. 테르미도르 때 체포당했다가 석방. 방데미에르 때 전공을 세운 뒤 브뤼메르 쿠데타로 집정관, 1804년에 황제가 됐다. 영국, 독일, 러시아와 싸워 패배, 1814년에 퇴위. 세인트 헬레나에서 사망.

### 네케르 Necker, 1732~1804

제네바의 학교 교사의 아들로 태어나, 파리로 간 뒤 투기에 성공해 은행가가 된다. 1776년, 국고(재무)장관이 돼 재정개혁을 추진했으나 1781년에 사직. 1788년에 다시 사실상의 총리가 돼 삼부회에 임했으나 왕실 쪽의 반대로 그해 7월에 사직. 바스티유 공격 뒤 다시한 번 권좌로 돌아갔으나 같은 이유로 1790년 9월에 사직하고 은퇴한 뒤 스위스로 가서 혁명에 관한 책을 썼다. 그의 딸이 문필가로 유

짧게 쓴 프랑스 혁명사

명한 스탈 부인이다.

**당통** Danton, 1759~1794

농가 출신으로 두 살 때 아버지를 잃었고, 어머니는 재혼했다. 장난
꾸러기였으며, 파리에 나가 법률사무소 견습생이 됐고, 백과전서파
의 영향을 받는다. 신체 우람했고 정력적인 인물이었다. 혁명과 함께
코르들리에 클럽을 만들어 샹드마르스의 공화정 청원에 참가. 브리
소에 접근했으나 나중에 산악파가 됐고, 8월 10일 혁명으로 법무장
관이 됐다. 그는 국내통일을 주장하며 지롱드파와의 타협을 꾀했으
나 '관용파'로 몰려 1794년 4월 처형당했다.

**뒤포르** Duport, 1759~1798

파리 고등법원 평정관의 아들. 아버지 뒤를 이어 파리 시내에 저택
과 가옥 몇 채를 갖고 있었다. 병약했으나 격정적인 정의감을 지닌
혁명적 귀족으로 바뵈프를 도와 활약하면서 삼두파의 한 사람으로
주목받았다. 국왕의 바렌 도망 뒤 국왕에 접근했으며, 입법의회 시기
에는 왕의 상담역이 됐다. 8월 10일의 혁명 때 도주하다 체포당했으
나 당통의 도움으로 망명했다. 테르미도르 뒤 귀국했으나 프뤽티도
르 쿠데타 때 다시 망명했다.

**듀폰(뒤퐁)** Dupont, 1739~1817

시계 직인과 가난한 귀족의 딸 사이에 태어났다. 파리에서 가난한
청년시절을 보내고 1760년대에 케네의 인정을 받아 중농주의 그룹

에 들어갔다. 이어 튀르고와 교류하면서 튀르고의 가장 절친한 협력자가 됐다. 혁명 전에 느무르 지구에 땅을 갖고 있었고, 제3신분 대표로 제헌의회에 들어갔다. 8월 10일 혁명 뒤 잠복했으나 산악파 집권 시절에 투옥되고 테르미도르 뒤 석방됐으며, 나중에 아메리카에 건너가 듀폰 재벌의 기초를 쌓아올렸다.

### 뒤무리에 Dumouriez, 1739~1823

아버지는 군인, 노르Nord 현 캄브레Cambrai에서 태어났다. 18살에 군대에 들어가 7년전쟁에도 참전했으며, 나중에 대령이 됐다. 루이 15세의 밀사로 폴란드, 스웨덴에서 활동하지만 실패의 책임을 지고 투옥당했다. 루이 16세의 즉위 뒤 석방돼 소장으로 진급. 혁명 때는 자코뱅 클럽에 참가했고, 1792년 브리소 내각의 외무장관이 됐다. 8월 10일 이후 북부군 사령관이 됐으나 1793년 봄, 오스트리아군에 투항했다. 나중에 영국에서 죽었다.

### 라메트(형) Charles Lameth, 1757~1832

오랜 전통의 대검귀족帶劍貴族 집안에서 태어나 아메리카 독립전쟁에 참가해 무용을 떨쳤다. 혁명적 귀족으로 제헌의회에서는 '삼두파'의 한 사람이었다. 그는 서인도의 대지주 딸과 결혼했는데, 그런 것도 영향을 끼쳐 서인도 독립문제에 대해서는 보수적인 태도를 취했다. 1792년, 혁명군에 참가했으나 8월 10일 혁명 뒤 망명했다가 나폴레옹 집권 뒤에 귀국해 정복지 총독이 됐고, 왕정복고 뒤에는 의원이 됐다.

### 라메트(동생) Alexandre Lameth, 1760~1829

용모 단정한 궁정귀족. 아메리카 독립전쟁에 참가해 자유의 정신과 함께 야심을 품고 귀국. 혁명의회에서 전제주의 타도를 부르짖었으며, '삼두파'의 한 사람이 됐다. 그러나 민중의 투쟁에 공포를 느껴 국왕의 바렌 도주 뒤에는 왕실 쪽에 붙었다. 북부군에 참가했으나 8월 10일 이후 오스트리아에 투항했다. 브뤼메르 18일 쿠데타 이후 귀국한 뒤에는 나폴레옹의 충실한 하급관리가 됐고, 왕정복고 뒤에는 의원이 됐다.

### 라파예트 Lafayette, 1757~1834

명문의 대검귀족 집안에서 태어나 아메리카 독립전쟁에서 전공을 세웠다. 혁명 때는 자유주의 귀족으로 명성을 얻었고, 국민방위병 사령관이 됐다. 입헌군주정을 추구하며 민주파 운동과 대립했다. 8월 10일 혁명 때 오스트리아군에 투항했으나 투옥당했다. 브뤼메르 18일 쿠데타 이후 귀국했으며, 왕정복고기에는 야당의 리더가 됐고, 1830년 혁명 때는 루이 필립 입헌왕정 수립을 지원했다.

### 로베스피에르 Robespierre, 1758~1794

북 프랑스의 법률가 집안에서 태어나 6살에 어머니를 잃었고, 아버지도 집을 떠났다. 로베스피에르는 장남으로, 장학금을 받아 학업을 마친 뒤 변호사가 돼 제헌의회에 들어갔다. 풍채는 시원치 못했고, 고지식한 성격이었다. 자코뱅 클럽 리더로 상-퀼로트 해방을 위해 싸웠다. 그는 도당徒黨, 부도덕, 무신론, 부자들을 공격했으며, 안정된 중산층 시민들로 이뤄진 고대적 공화국을 꿈꿨다. 테르미도르 9일 체포돼 그다음 날 처형당했다.

### 롤랑 Roland, 1734~1793

피카르디Picardy의 공장(산업) 감독관. 파리 조각가의 딸 마농과 결혼했고, 직물업에 관한 저작을 썼다. 혁명기에는 파리의 살롱에 자코뱅 클럽 멤버들을 맞아들였고, 부인의 도움으로 1792년 지롱드파 내각의 내무장관이 됐다. 그는 자유주의자로서 산악파, 콤뮌과 대립했으며, 국왕 처형 때는 인민투표에 찬성했다. 지롱드파 추방 때 루앙으로 피신했으나 아내의 처형 소식을 듣고 자살했다.

### 롤랑 부인 Mme Roland, Manon Jeanne Philipon, 1754~1793

전형적인 부르주아 가정에서 태어나 자유사상을 배우고 폭넓은 교양을 지닌 당대의 재원으로 칭송받았다. 20살 연상의 롤랑과 결혼해 남편의 출세를 도왔다. 지롱드파의 일원으로, 뷔조와 연애관계가 있었다고 한다. 그녀는 지롱드파의 막후 실력자로서의 면모를 보여 산악파로부터 공격을 받았다. 1793년 11월, "오, 자유여! 너의 이름으로 얼마나 많은 죄가 저질러지고 있는가!"라는 말을 남기고 처형당했다.

### 루 Roux, 1752~1794

아버지는 보병중위였다가 영주의 관리가 됐다. 서남부 프랑스에서 태어나 신학교에 들어가서 물리·철학 교사가 됐다. 나중에 각지의 수도원을 전전했고 1790년에는 지방에서 농민들의 반영주 투쟁에 가담한 뒤 파리에 가서 코르들리에 클럽에 들어가 마라에게 접근, 과격파의 지도자가 됐다. 격정적인 성격의 그는 "헌법보다 빵을!"이라는 입장에서 매점매석자 처형, 최고가격제 실시, 물자징발을 요구하면서 로베스피에르와 대립하다 체포된 뒤 자살했다.

### 루이 16세 Louis ⅩⅥ, 1754~1793

루이 15세와 드삭스de Saxe 공작부인 사이에서 태어나 오스트리아 여제 마리아 테레지아의 딸 마리 앙투아네트와 결혼했다. 1775년, 랭스에서 즉위했고, 혁명 중에는 마리 앙투아네트와 손잡고 있던 구세력과 혁명의회 사이에서 동요했다. 바렌 도주에 실패하고, 8월 10일 혁명으로 감금당한 뒤 왕권을 정지당했다. 외국과의 공모 사실이 드러나 국민공회의 결정으로 1793년 1월 21일 처형당했다.

### 마라 Marat, 1743~1793

스위스에서 태어나 정의감과 명예심이 강한 아이로 자랐다. 보르도에서 가정교사를 하면서 의학을 공부해 1765년부터 10년간 영국에서 의사로 살았다. 전제주의를 공격하는 「노예의 굴레」라는 글을 썼다. 혁명이 일어나자 신문 《인민의 벗》을 발행했다. 8월 10일 혁명 뒤 국민공회에 들어가 인민에게 행동하라고 촉구하고 혁명적 독재를 주장하면서 지롱드파와 날카롭게 대립했다. 1793년 7월 13일, 25살의 여성 샤를로트 코르데 손에 살해당했다.

### 마리 앙투아네트 Marie-Antoinette, 1755~1793

신성로마제국의 황제 프란츠 1세와 오스트리아의 여제 마리아 테레지아 사이에서 태어났다. 빈에서 제맘대로 행동하는 유년시대를 보낸 뒤 15살에 미래의 루이 16세와 결혼. 혁명 전에는 사치와 방자한 생활로 비난을 받아 왕비로 불리지 못하고 '오스트리아 여자'로 세간에선 불렸다. 1녀 2남을 낳았으며, 혁명 중에는 반혁명을 위해 적극적으로 움직였다. 루이 16세의 처형 뒤 왕자로부터도 격리당했고, 재판을 받고 10월에 치형당했다.

### 무니에 Mounier, 1758~1806

그르노블 모직물 상인의 아들. 변호사로 '기왓장의 날'에 활약, 제헌의회에서 일찍부터 이름을 날렸다. 그는 민중의 행동에 반감과 두려움을 품고 있었고, 온건한 입헌군주정을 희망했다. 1789년 10월의 베르사유 행진 때 그는 의장으로서 국왕에게 법의 재가를 요구하는 역할을 부여받았다. 그 며칠 뒤 의원직을 버리고 향리로 돌아갔다. 1790년, 스위스로, 그리고 다시 독일로 망명했다. 나폴레옹 시대에 귀국했다.

### 미라보 Mirabeau, 1749~1791

남 프랑스의 소귀족 집안에서 태어났다. 아버지는 중농주의자로 유명. 미라보는 분방하고 거침없는 군인생활을 보낸 뒤 아버지와 심하게 대립하다 몇 년간 투옥당하기도 했다. 전제주의와 신분제도를 증오했던 그는 제3신분 대표로 삼부회에 들어갔다. 뛰어난 웅변과 식견으로 제헌의회의 대표적 정치가가 됐으며, 왕과 의회의 타협을 꾀했으나, 왕실과 거래하고 있던 사실이 드러나 한창 비난을 받고 있던 시기에 급사했다. 사후에 '혁명의 위인'으로 안장됐다.

### 바라스 Barras, 1755~1829

프로방스의 구귀족 가문에서 태어나 군인이 됐으나 사임. 혁명 때 지방 행정관이 됐고 국민공회 의원으로 선출됐다. 1793년 이탈리아 군에 들어갔고, 툴롱 공방전 때 잔혹하고 탐욕스러운 행동을 했다. 파리에 돌아가 반 로베스피에르 음모를 성공시켜 테르미도르 후 총재정부 시대의 최고 권력자가 됐다. 그는 교묘한 정치기술과 배덕背德으로 이름을 날렸으나 나폴레옹에게 내쫓겨 망명했다가 나폴레옹 몰락 뒤 귀국했다.

### 바르나브 Barnave, 1761~1793

그르노블의 고등법원 검사 집안에서 태어나 변호사가 되었다. '기왓장의 날' 사건 때 활약했고, 제헌의회에서는 '삼두파'의 중심인물이었으나 국왕의 바렌 도주 사건 뒤 국왕 쪽에 붙어 푀양파를 결성해 민주파와 대립했다. 1791년 헌법은 그의 주도하에 만들어졌다. 8월 10일 혁명 뒤 체포돼 다음 해 11월에 처형당했다. 옥중에서 「프랑스 혁명 서설」을 썼는데, 그 투철한 이론이 높은 평가를 받았다.

### 바를레 Varlet, 1764~1837

좋은 가정에서 태어나, 어릴 때 아버지를 잃었고, 혁명 전에는 우편국에서 근무했다. 열심히 혁명을 지지했으며, 국왕의 바렌 도주 뒤 공화정 청원운동의 지도자가 됐다. 그는 가두정치가로서 빈곤의 근절, 재산의 평등화, 매점매석자의 처형 등을 요구했다. 자크 루와 함께 '과격파'의 일원으로 최고가격제와 물자징발을 위해 싸웠다. 5월 31일의 혁명 때는 봉기위원회에 들어갔으나 산악파와 대립해 체포당했다. 나중에 석방됐으나 그 이후 소식 불명.

### 바뵈프 Babeuf, 1760~1797

북 프랑스 농가 출신. 아버지는 군인이었으나 나중에 몰락해 토목공사 노동자가 됐다. 바뵈프는 영주의 토지대장 대리인으로 빈농들과 접촉. 혁명 때는 파리에 가서 농지법을 선전했고, 북 프랑스로 돌아가서는 납세반대 투쟁을 지도했으나, 8월 10일 혁명 뒤 지방 관리가 됐다가 정적에게 쫓겨 잠복. 테르미도르 시기에 과격파로 체포당했고, 총재정부가 들어선 뒤 석방되었으나 '평등파의 음모'를 조직했다는 이유로 체포된 후 단두대에서 처형당했다. 그의 사상은 '자본론 제1장'을 쓴 것이라는 평가받았다.

### 바이이 Bailly, 1736~1793

저명한 천문학자. 1763년에 과학아카데미 회원이 됐고, 천문학 관련 저술이 많다. 제3신분 대표로 파리에서 선출돼 구희장의 선서 때 의장, 나중엔 파리 시장이 됐다. 샹드마르스에서의 공화정 청원 때 군대를 동원해 탄압했다가 인기를 잃었다. 시장 직에서 물러난 뒤 낭트로 은퇴해 살았으나 5월 31일 혁명 때 체포돼 처형당했다. 은퇴 중에 혁명 기록을 써서 남겼다.


### 베르니오 Vergniaud, 1753~1793

지롱드현 리모주의 부르주아 출신. 튀르고의 지원으로 파리에 유학. 보르도에서 변호사로 명성을 얻었고, 혁명기에는 자코뱅 클럽의 보르도 지부 서기로 활약. 입법의회 의원이 돼 브리소와 손잡고 지롱드파 지도자가 되었다. 웅변으로 이름을 날렸으나 1793년에 로베스피에르와 격렬한 논전을 벌여 패배한 뒤에도 주장을 굽히지 않았기 때문에 자택에 감금당했다가 11월에 처형당했다.


### 부아시 당글라 Boissy-d'Anglas, 1756~1826

신교도 의사 집안에서 태어나 파리로 가서 변호사가 되고 국왕의 동생 프로방스 백작과 친교를 맺었다. 제헌의회와 국민공회 의원으로 늘 다수파에 속해 신중하게 행동했으며, 왕의 처형에는 반대했으나 평원파의 수령이었기 때문에 추궁을 면했다. 테르미도르 이후 활발하게 민중운동에 저항했다. 공화국 3년 헌법 작성자의 한 사람이며, 총재정부 시절의 2년간을 빼고 나폴레옹 시대, 왕정복고 시절에도 최고의 정치적 지위를 유지했다.


### 뷔조 Buzot, 1760~1794

북 프랑스 에베르에서 태어나 고등법원의 변호사가 됐으며, 제헌의회에서는 가장 좌파에 속했다. 향리의 재판소 장관이 된 뒤 국민공회에 들어가 지롱드파의 일원으로 왕의 형 집행유예에 투표. 1793년

3월 이후 산악파와 정력적으로 싸웠다. 5월 31일 혁명 때 추방당했고, 다음 해에는 체포령이 떨어졌다. 향리로 도망가 국민공회에 대한 저항을 기도했으나 실패한 뒤 보르도로 건너가려다가 발각됐다가 일단 잠복에 성공했으나 페티옹과 함께 자살했다.

### 브리소 Brissot, 1754~1793

파리 근교 샤르트르Chartres의 음식점 집에서 태어나 계몽사상, 특히 루소에 심취했다. 문필가로 활동하면서 영국, 미국에 건너갔다. 1784년 필화사건으로 바스티유에 투옥당했으나 나중에 오를레앙 공에게 고용되었다. 혁명 직전에 '흑인의 벗 모임'을 만들었고, 신문 《프랑스 애국자》를 발행했다. 입법의회에 들어가 외교위원회를 개전開戰 쪽으로 몰아갔다. 국민공회에서는 지롱드파 지도자의 한 사람이 됐으나 1793년에 체포령이 떨어져 도주하다 붙잡혀 처형당했다.

### 비요 바렌 Billaud-Varenne, 1756~1819

서부 프랑스 라로셸 항의 변호사 집안에서 태어나 오라투아르Oratoire 파 수도원에 들어가 교사가 됐으나 연극에 뜻을 두고 파리로 갔다. 혁명 때 콤뮌의 일원으로 국민공회에 들어갔다. 지방파견위원으로 방데의 봉기 진압에 나섰고, 공안위원회 멤버가 됐다. 로베스피에르의 몰락에 일역을 담당했으며, 테르미도르 뒤에는 도를 넘은 반동에 맞서 싸우려 했으나 기아나로 유형당해 20년간 유형생활 끝에 아이티로 도망가 그곳에서 죽었다.

### 생쥐스트 Saint-Just, 1767~1794

중부 프랑스의 농가에서 태어났다. 오라투아르파의 학원, 프랑스 법과대학을 나와 혁명을 체험했다. 그는 로베스피에르에게 편지를 썼고, 지방에서 농민의 영주반대 투쟁을 지도했다. 8월 10일 혁명 뒤에 25살 나이로 국민공회 의원이 됐다. 냉엄한 논리와 단호하고 과감한 결정으로 혁명과 전쟁에 대처했다. 테르미도르 전에 로베스피에르와 의견을 달리한 것으로 알려졌으나 최후의 연설은 반대파의 방해로 중단됐으며, 로베스피에르와 함께 처형당했다.

### 시에예스 Sieyès, 1748~1836

남 프랑스의 중류가정에서 자랐다. 병약했으나 수재였다. 신학교에서 공부하고 주교대리가 돼 혁명을 맞았다. 《제3신분이란 무엇인가》로 명성을 얻었으며, 제3신분 대표로 삼부회에 들어갔다. 그는 "미라보와 함께 혁명을 낳고, 나폴레옹과 함께 혁명을 매장했다"는 말을 들었을 만큼 혁명 전후의 시기에 중요한 역할을 했다. 그는 그것이 '정치가'와는 다른 '철학자'의 임무로 자각하고 있었다. 이른바 '이데올로그'의 일원이었다.

### 앙리오 Hanriot, 1761~1794

세느 현의 가난한 집에서 태어나 하인, 세관서기로 가난하게 살았다. 혁명이 일어나자 파리 지구의 지도자가 돼 8월 10일 혁명, 9월 학살 때 적극적으로 활동했다. 1793년, 콤뮌에서 파리 국민군의 임시 총지휘관에 임명됐고, 5월 31일의 혁명 때는 수만 명의 혁명군을 지휘했다. 테르미도르 당시 로베스피에르를 구출하려 했으나 그 자신이 체포당해 로베스피에르파로 몰려 처형당했다.


### 에베르 Hebert, 1757~1794

부유한 가정에서 태어났으나 아버지가 죽은 뒤 곤궁해져 변호사가 되려고 파리에 나가 방랑생활. 1790년 《뒤셴 아버지Le Pere Duchesne》라는 선전지를 발간해 인기를 얻었다. 코르들리에 클럽에 소속돼 왕정 폐지를 청원했고, 8월 10일 봉기 때 활약. 파리 콤뮌의 제2부시장으로 지롱드파와 싸웠고 탈기독교화, 식량폭동을 지도했다. 공안위원회와 대립하다 1794년 3월 동료들과 함께 처형당했다.


### 오를레앙 공 duc d'Orleans, 1747~1793

루이 14세의 동생 가계에 속하는 공작. 그는 프랑스 최대의 영주였으나 자유사상의 소유자로 모든 개혁을 받아들여 루이 16세를 대신하려 했다. 명사회에서는 제3신분의 요구를 지지하고 제헌의회에서는 미라보와 손잡았으며, 정원을 민중에게 개방했다. 국민공회에서는 가장 좌파에 있으면서 '평등의 필립'으로 불렸다. 루이 16세의 처형에 찬성했으나, 지롱드파는 그와 뒤무리에의 관계, 그리고 그가 왕위에 가장 가깝다는 점을 의심해 그의 체포를 명했고 결국 처형당했다. 그의 아들이 7월 왕정의 루이 필립이다.


### 이스나르 Isnard, 1751~1825

남 프랑스 해안에 살았던 향료 상인. 입법의회에 들어가 지롱드파의 일원으로 브리소와 함께 호전적인 연설을 했다. 산악파, 파리 콤뮌과 대립해 5월 31일 혁명 때는 간신히 검거를 피했다. 파리에 잠복해서 테르미도르 때까지 살아남아 국민공회로 복귀했다. 총재정부 시대에 은퇴했다. 일찍이 왕의 처형에 찬성했으나 왕정복고기에는 열렬한 왕당파가 됐다.

### 카르노 Carnot, 1753~1823

중부 프랑스에서 태어났으며, 혁명 전에는 공병대위. 입법의회에 들어간 뒤 1797년의 프뤽티도르(쿠데타)에 이르기까지 군사를 담당했으며, 특히 산악파 공안위원의 한 사람으로 국방문제를 깔끔하게 처리해 '승리의 조직자'로 불렸다. 로베스피에르에게 '관용파'로 낙인찍힌 덕에 테르미도르에서도 살아남았다. 프뤽티도르 때 망명했으나 브뤼메르 때 귀국해 몇 개월간 군부장관으로 있었다. 나폴레옹 제정에 대해서는 정치적 자유를 옹호하는 관점에서 반대를 표명하고 은퇴했다. 왕정복고 뒤 국외로 추방당했다.

### 캉봉 Cambon, 1756~1820

남 프랑스에서 태어나 처음엔 무역상을 했으나 입법의회에 들어갔고 뒤이어 국민공회에 들어갔다. 재정문제 전문가로 전시재정의 수행에 수완을 발휘했다. 산악파 국민공회 의원의 일원으로 '재정의 로베스피에르'라 불렸다. 마지막에 로베스피에르 타도로 돌아섰으나 테르미도르파에게 쫓겨 잠복했고 그 뒤에 향리에서 은퇴했다. 나폴레옹의 백일천하 의회에 복귀했으나 왕정복고 뒤 '시역자弑逆者'로

낙인찍혀 추방당하자 벨기에로 도망갔다.

### 콜로데르부아 Collot d'Herbois, 1749~1796

금은세공 직인의 아들로 파리에서 태어나 극단에 투신해 각지를 돌
아다니며 인기를 얻었다. 혁명 때는 처음에 '1789년 클럽'에 들어갔
고, 뒤이어 자코뱅 클럽에 소속됐다. 혁명극으로 크게 성공했다. 지
롱드파 내각에 입각하려 했으나 실패하고 산악파로 옮겼다. 선동적
연설에 능했으며, 공안위원회의 일원으로 리옹의 학살을 자행했다.
나중에 로베스피에르 타도에 가담했다. 테르미도르 때 유형당했다.

### 콩도르세 Condorcet, 1743~1794

하급귀족의 아들로 북 프랑스에서 태어났다. 학생시절부터 수학에
흥미를 갖고 수학자로 명성을 얻었다. 나중에 튀르고에 접근해 경제
논문을 썼으며, 부인은 살롱을 열었다. 혁명 때는 파리 콤뮌의 일원
으로 공화주의적 논설을 많이 발표했다. 입법의회 의원이 돼 교육법
안을 제출했다. 국민공회에서는 헌법기초위원이 돼 새 헌법을 입안
했으나 산악파로부터 거부당했다. 5월 31일 혁명 뒤 잠복하다 체포
당해 옥중에서 사망.

### 쿠통 Couthon, 1755~1794

오베르뉴의 공증인의 아들. 변호사로 클레르몽에서 활약. 혁명 중
에 하반신이 마비돼 '앉은뱅이 쿠통'으로 불렸다. 입법의회에 들어
가 잠시 중립을 지켰으나 8월 10일 혁명으로 로베스피에르와 손잡

고 '제2의 로베스피에르'라는 평판을 얻었다. 공안위원회의 일원으로 리옹에 파견됐고 1794년에는 남 프랑스로 갈 예정이었으나 테르미도르를 예감하고 파리에 머물렀다가 로베스피에르파로 몰려 처형당했다.

### 탈레랑 Talleyrand, 1754~1838

파리에서 태어나 주교가 돼 성직자 대표로 삼부회에 들어갔다. 제헌의회에서 교회재산의 국유화를 제안했으며, 혁명파 성직자로 활약했다. 영국에 대한 협력파인 그는 영국에 건너가 국교 조정작업을 벌였으나 1793년의 단교로 영국에 머물렀다. 1796년 귀국해 총재정부의 외무장관이 됐으며, 브뤼메르 이후에도 외무장관에 임명됐다. 왕정복고 뒤에는 총리, 루이 필립 체제 때는 주영국 대사가 됐다.

### 탈리앵 Tallien, 1767~1820

파리의 숙박업소 주인의 아들로, 상가와 인쇄소에서 일했다. 자코뱅클럽의 열혈멤버였고, 8월 10일의 혁명 때 파리 콤뮌의 서기가 됐으며, 이어 국민공회에 들어갔다. 산악파의 일원으로 보안위원회에 들어가 마라를 변호했다. 보르도에서 테러리스트로 활약했으나 소환당했고, 로베스피에르 타도로 돌아섰다. 테르미도르 이후 반동정책을 촉진하고 총재정부 시기에도 의원이 돼 나폴레옹과 함께 이집트 원정에 나섰다.

### 페티옹 Pétion, 1756~1794

변호사인 아버지 뒤를 이어 샤르트르의 제3신분 대표로 삼부회에 들어갔다. 제헌의회의 좌익 소수파. 1791년 자코뱅 클럽 의장이 됐으며, 로베스피에르를 능가하는 인기를 얻었다. 그 뒤 파리 시장이 됐고, 8월 10일 혁명 때 국민공회에 들어가 국왕 처형에 대해서는 집행유예 쪽에 찬성했다. 머지않아 지롱드파로 로베스피에르와 대립하다 체포령이 떨어졌다. 지롱드 현으로 도망갔으나 결국 숲 속에서 자살했다.

### 푸셰 Fouche, 1759~1820

아버지는 배의 선원이었고, 낭트의 항구마을 가까이에서 태어나 오라투아르파 교사로 수학 등을 가르쳤다. 혁명과 함께 성직을 버리고 낭트에서 자유주의자 클럽을 조직했으며, 부유한 상인의 딸과 결혼했다. 국민공회 위원이 돼 처음에는 지롱드파에 속했으나 국왕 처형 뒤에는 산악파가 된다. 지방파견위원으로 테러와 비기독교화를 추진하다 귀환 명령을 받고 로베스피에르 추방에 일역을 담당했다. 총재정부 뒤 요직을 차지했다.

# 프랑스 혁명 약연표略年表

## 1787

정치: 명사회 소집, 고등법원 추방

사회: 이 해에 흉년

대외관계: 영국-프랑스 통상조약(1786)에 따라 프랑스 산업이 쇠퇴하기
　　　시작

## 1788

정치: 라무아뇽의 사법개혁(5. 8)

　　　그르노블의 '기왓장의 날'(6. 7)

　　　삼부회 소집 결정, 제2회 명사회(8. 8)

사회: 각지에서 식량폭동 일어나다(봄)

　　　연말부터 다음 해까지 농민투쟁, 식량폭동

## 1789

정치: 삼부회 개회(5. 5)

　　　'국민의회'의 선언(6. 17)

　　　구희장의 선서(6. 20)

　　　네케르 파면(7. 2)

　　　바스티유 함락(7. 14)

　　　봉건적 특권 폐지(8. 4)

　　　인권선언(8. 26)

사회: 농촌의 '대공황', 지방도시의 혁명(7월)

공업·상업의 쇠퇴, 빵 값 인상(9월)

## 1790

정치: 베르사유 행진(10. 5~6)

봉건적 권리 되사기 법령(3. 15)

성직자 기본법(7. 12)

연맹제(7. 14)

사회: 아시냐 발행(12. 4)

교회재산 매각법령(5. 17)

아시냐 지폐로 전환(8. 27)

## 1791

정치: 미라보 사망(4. 2)

국왕의 도주, 체포(6. 20~21)

국왕의 면책 결정(7. 15)

샹드마르스의 학살(7.17)

제헌의회 해산(9. 30)

입법의회 성립(10. 1)

망명귀족·귀족들·선서거부성직자 단속법령(1792년 10월~1792년 2월)

사회: 아시냐 가치 하락

르 샤플리에 법(6. 14)

농민의 반영주투쟁 격화(2월)

대외관계: 교황, 성직자 기본법 비난(4. 13)

레오폴트 2세, 각국 군주들 소집, 혁명반대 대책 논의(6. 6)

필니츠 선언(8. 27)

아비뇽 병합(9. 12)

　　　　　　　　　　짧게 쓴 프랑스 혁명사

# 1792

정치: 지롱드파 내각(4월)

지롱드파 내각 파면(6. 13)

"조국은 위기에 처했다"는 선언(7. 11)

봉기, 왕의 권리 정지(8. 10)

9월 학살(9. 26)

국민공회 성립·왕정 폐지(9. 21)

왕의 재판문제(12. 4)

사회: 아시냐 하락·경제위기, '마르세예즈' 작곡(4월)

마르세유 의용병 파리에 입성(6월)

봉건적 권리 무상 폐지(8. 25)

상업의 자유 선언(12. 8)

대외관계: 오스트리아에 선전(4. 20)

브룬슈빅 선언(7. 25)

롱위, 베르됭 상실(8·9월)

발미의 승리(9. 20)

제마프의 승리(11. 6)

벨기에 정복(11. 19)

사부아 병합(11. 27)

# 1793

정치: 루이 16세 처형(1. 21)

30만 모병(2. 24)

방데의 반란(3. 10)

뒤무리에 배신, 공안위원회 창설(4. 5)

민중봉기·지롱드파 추방(5. 31~6. 2)

'공화국 제1년 헌법' 가결(6. 24)

혁명정부와 '테러'의 조직(10~12월)

지롱드파 처형(10. 31)

방데의 반란군 격퇴(11~12월)

사회: 식량위기, 과격파의 운동(봄)

　　　아시냐의 강제통용(4. 11)

　　　곡물의 최고가격제(5. 4)

　　　식량위기·아시냐 하락(7월)

　　　전면적인 최고가격제(9. 29)

　　　식량위원회(10. 22)

　　　비기독교화 운동(10~11월)

　　　인도회사 사건(2월)

대외관계: 니스 병합(1. 31)

　　　영국, 네덜란드, 스페인에 선전 포고(2~3월)

　　　벨기에 병합(3. 17)

　　　제1차 대프랑스동맹(봄~여름)

　　　패전 계속되다(7월)


## 1794

정치: 에베르파 처형(3. 24)

　　　당통파 처형(4. 5)

　　　최고존재의 제전(6. 8)

　　　테르미도르 9일, 로베스피에르파 몰락(7. 27)

사회: 방토즈(바람의 달)법(2. 26~3. 3)

　　　최고가격제 폐지, 아시냐 급락(12. 24)

대외관계: 플뢰뤼스Fleurus 전투 승리(6. 26)

　　　앙투아프 점령(7. 27)

　　　네덜란드의 침입(12. 27)


## 1795

정치: 제르미날(씨앗의 달)의 봉기, 실패(4. 1)

　　　프레리알(풀의 달)의 봉기, 실패(5. 20)

　　　공화국 제3년 헌법(8. 22)

　　　방데미에르(포도의 달)의 봉기(10. 5)


　　　　　　　　　짧게 쓴 프랑스 혁명사

총재정부 수립(10. 26)

사회: 식량부족(봄)

대외관계: 프러시아와 강화(4. 6)

네덜란드와 강화(5. 16)

스페인과 강화(7. 22)

## 1796

정치: 방데 진압(2~3월)

바뵈프의 음모사건, 체포(5. 10)

사회: 아시냐 폐지(3. 10)

## 1797

정치: 프뤽티도르(열매의 달) 18일 쿠데타(대 왕당파)(9. 4)

사회: 방데미에르 9일의 재정법(9. 31)

대외관계: 트렌티노 조약(2. 19)

캄포포르미오 조약(10. 17)

## 1798

정치: 플로레알(꽃의 달) 22일 쿠데타(대 자코뱅파)(5. 11)

대외관계: 이집트 원정(5. 19)

제2차 대프랑스동맹(7~12월)

## 1799

정치: 의회의 쿠데타(6. 18)

보나파르트 귀국(9. 9)

브뤼메르(안개의 달) 18일 쿠데타(2. 9)

대외관계: 보나파르트, 이집트 포기(8. 22)

프랑스 혁명 약연표略年表

# 옮긴이 후기

"현실의 혁명이 실현되기 위해서는 먼저 사람들 머릿속에서 혁명이 일어나야 한다."

프랑스 혁명이 사상 영역에서는 이미 18세기 중엽 이후 시작됐다는 프랑스 혁명사가 알베르 마티에의 말을 인용하면서 이 책 지은이 가와노 겐지가 한 말이다. 우리나라로 치면 조선 정조 시대에 일어난 프랑스 혁명기 전후의 프랑스인들 머릿속을 지배한 것은 계몽사상이었다. 가와노가 파고든 당대 프랑스 계몽사상의 중심은 케네가 대표하는 중농주의와 디드로 등의 백과전서파 유물론, 루소의 인민주권(사회계약)론이다.

그때 조선에서는 청국(중국)을 통해 서양 가톨릭이 전래되고 있었고, 천도교도와 서학에 대한 대규모 박해와 탄압이 자행됐다. 가와노는 메이지 유신도 프랑스 혁명의 먼 자장 속에 있었다고 했지만, 서학을 의식하며 봉건 조선왕조에 전면적으로 저항했다가 결정적인 국면에서 메이지 유신의 주역들 손에 무참하게 유린당한 동학농민혁명 또한 마찬가지가 아닐까.

혁명은 물론 사상만으론 일어나지 않는다. 그 사상을 담지하고 그것을 변혁의 엔진으로 전화시키는 주체가 있어야 한다.『짧게 쓴 프랑스 혁명사』1장은 그 주체와 관련한 계급 분석으로 시작한다. 2장이 계몽사상, 3장은 그 주체와 사상이 무슨 사건을 계기로 어떻게 혁명을 일으키는가에 할애된다.

> "역사는 좀 더 역설적인 방식으로 나아간다. 즉 혁명을 막기 위한 수단이 거꾸로 혁명을 촉진하며, 혁명과는 가장 인연이 없는, 종종 그와는 정반대 편에 있던 사건이 실은 혁명을 준비한다. 또 혁명이 일어나면 타도될 수밖에 없는 자가 오히려 혁명에 불을 붙이는 일이 일어난다. 혁명적 계급이 그런 계기를 제대로 포착해서 그것을 대중적 규모의 싸움으로 발전시킬 수 있을 때 비로소 혁명은 그 자체의 궤도에 올라타게 된다."

일본의 이와나미서점岩波書店에서 나온 이 책『짧게 쓴 프랑스 혁명사』의 원저原著는『フランス革命小史(프랑스혁명소사)』이며, 1989년판(제38쇄)을 번역의 저본으로 썼다. 경제학자요 프랑스혁명사 연구자인 저자가 서문에서 밝혔듯이 책은『프랑스 혁명 연구』를 쓴 구와바라 다케오桑原武夫와의 공동연구를 토대로 삼고 있다. 프랑스 문학·문화 연구자요 평론가 구와바라는 인문통합·학제적 연구의 전통을 쌓은 교토대인문과학연구소 소장을 역임했으며, 가와노는 루소 연구자인 구와바라의 학통을 이어받은 것으로 알려져 있다.

일본 마르크스주의 경제학의 선구자요 사회주의 운동가 가와카미 하지메와도 연결돼 있는 교토학파 좌파계열 즉 리버럴 좌파 전통의 영향이 강해 보이는 가와노의『짧게 쓴 프랑스 혁명사』, 계급 투쟁과 사회주의 혁명을 의식하며 쓴 이 책이 현실 사회주의 및 냉전붕괴 뒤 "역사의 종언"(프랜시스 후쿠야마)을 공언하던 시대의 역풍 속에서 새로운 독자를 찾기란 쉽지 않았을 것이다.

하지만 역사는 끝나지 않았다. 현실 사회주의 붕괴 20여 년이 지난 뒤 '역사의 종언'이 자본주의 영구 승리에 대한 환상의 종언으로 끝나가고 있는 지금, 1950~60년대를 풍미했던 일본 리버럴 좌파가 혁명을, 프랑스 혁명을 어떻게 바라보고 그 미래를 어떻게 그렸는지 오히려 더 흥미를 끌만하지 않은가.

민중의 바스티유 공격 2년 전인 1787년부터 나폴레옹이 실권자로 등장하면서 마침표를 찍게 되는 1799년까지 10여 년간의 프랑스 혁명을 분석한 이 책을 가와노는 "서술은 줄이고 사색은 많이 하는" 방식으로 썼다고 밝혔다. 그만큼 저자 자신의 세계관과 해석적 요소가 많이 반영됐다는 뜻이겠다. '모든 역사는 현대사'라고 한 관점에서 보자면, 그것은 집필 당시의 일본 및 세계 현안들에 대한 저자의 고민과 문제의식의 소산이기도 하다. 그것은 다시 지금 이곳의 시대적 격랑 속에서 '현대사'적 고민을 하면서 살아가는 한국의 독자들에게도 압축적이면서도 풍부한 생각거리를 제공할 것이다.

가와노는 종교와 젠틀맨 등 상층 유산층에 갇혀버린 17세기 영국의 퓨리턴(청교도)혁명(1640~1660)과, 영국 식민지배를 거부한 민족혁명적 성격이 강하지만 흑인 등 인종과 계급문제를 비켜간 미국 독립혁명(1775~1783)과는 달리, 프랑스 혁명을 개인과 민족, 인종 장벽을 넘어선 부르주아 혁명이요 그 부르주아적 한계마저 넘어서

짧게 쓴 프랑스 혁명사

려 했던 민중(인민) 주체 보편혁명으로 자리매김한다. 프랑스 혁명이야말로 혁명의 모범이라고 얘기한다.

프랑스 혁명을 촉발한 것은 전쟁 등으로 재정난에 빠진 왕이 올린 세금(지조)에 반발한 귀족들의 저항이었다. 그야말로 "혁명을 막기 위한 수단이 거꾸로 혁명을 촉진하며, 혁명과는 가장 인연이 없는, 종종 그와는 정반대 편에 있던 사건이 혁명을 준비"하고 "혁명이 일어나면 타도될 수밖에 없는 자가 오히려 혁명에 불을 붙이는" 역설이 현실화한 것이다.

이 '귀족혁명'에 이은 삼부회 소집, 그리고 마침내 주역으로 등장하는 제3계급인 부르주아지. 뒤이어 귀족계급과 결탁한 상층 부르주아지와 중산층 부르주아를 포함한 소부르주아지의 대립, 마지막에 등장하는 빈농과 도시빈민 등 제4계급과 '제3차 혁명'. 이 제3차 혁명을 둘러싼 부르주아지 내의 대립인 지롱드파와 산악파의 싸움, 그 과정에서 혁명의 주역으로 등장했다 어쩌면 그 성공 때문에 결국 제거당하는 로베스피에르와 마라, 당통…….

"한쪽은 자기 자신들을 위해 공화국을 만들려 할 것이고, 또 다른 한쪽은 인민을 위해 그것을 하려 하고 있다. 자신들을 위해 공화국을 만들려고 하는 '거짓 애국자들'은 '부자와 관리의 이익'밖에 생각하지 않겠지만 '진정한 애국자들'은 '평등과 일반이익의 원칙' 위에 공화국을 세우려 할 것이다. 로베스피에르가 지향한 건 후자였다."

"그때 봉건적 특권은 완전히 무너졌고 교회와 망명귀족의 재산은 부르주아지와 농민이라는 새로운 소유자의 손으로 대거 이동했다. 전쟁과 독재가 이 새로운 사회·경제 관계의 발전을 일시적으로 억눌렀지만 사회의 근본적인 존재방식은 이미 바꿀 수 없게 됐다.

로베스피에르를 중심으로 한 자코뱅 세력은 이런 기본선을 관통하면서 강화해 가는 동안은 성공을 거둘 수 있었다. 그러나 '최고존재의 제전'이 보여주듯이 로베스피에르가 소부르주아적인 정신주의에 빠져 '혁명'을 신비적인 것으로 떠받들려고 했을 때 위기가 급속도로 찾아왔다.

8월 10일 이후 광범한 농민층이 반영주 투쟁을 중단하고 새로운 재산 소유자로 바뀌어 도시의 부르주아지와 공동의 이해관계를 맺기 시작한 것, 바로 이 점이 결정적으로 중요했다."


그리고 테르미도르 반동, 왕당파와 자코뱅으로부터 권력을 지키려던 부르주아지의 나폴레옹 보나파르트 등용, 부르주아 혁명의 완성과 혁명의 종말.

그렇다면 로베스피에르파의 정치적 실천은 아무 소용이 없었던가. "그렇지는 않다. 대규모 정치투쟁이나 크고 작은 여러 정치적 체험은 모든 사람들에게 '가장 좋은 학교'였다. 산악파(몽타뉴파)는 왕을 처형하고 공안위원회를 만들어 독재를 강화함으로써 구제도에서 이어받은 모든 낡은 기구, 관습, 사상을 일거에 분쇄하고, 초월적이었던 정치를 완전히 인민의 것으로 만들 수 있었다. 그것은 강렬한 파괴작업이었다. 이 '프랑스 혁명의 거대한 빗자루'(마르크스)가 있었기에 사람들은 자유롭고 민주적인 인간관계를 비로소 자신의 것으로 만들 수 있었다. 하지만 부르주아 국가라는 대저택에서는 대청소를 하는 사람이 그대로 저택의 주인공으로 눌러앉지 못했다." 결국 헌신적인 혁명가들이 '혁명의 순교자'로서 매장당하는 순간. 그것이 '테르미도르 반동'이었다.

『짧게 쓴 프랑스 혁명사』는 이처럼 극적인 사건들의 의미를 압축적으로 드러내는 경구와 같은 언설들로 가득하다.

> "산악파, 특히 로베스피에르는 이런 운동의 배후에 있는 민중의 요구를 가늠하면서 모든 사람들을 소부르주아적 근로자로 만드는 '평등의 공화국'을 세우려고 했다. '부자도 가난한 이도 모두 필요 없다'고 생쥐스트는 말했다. '모든 사람들이 일하고, 서로 존경해야 한다.' 그것은 검소, 근면, 도덕, 조국애로 떠받쳐진 '미덕의 공화국'이었다.…… 혁명적 소부르주아파는 사람들의 도덕심에 호소함으로써 혁명을 존속시키려 했다. 산악파는 1793년 여름에 이르러 혁명을 과장하고 성화(聖化)하는 것 외에 달리 혁명을 지속시키는 방책을 찾아내지 못한 것으로 보인다."

> "부르아지는 산악파의 정책에 위구심을 품고 있었고, 국유재산을 매수한 중농층은 이제 사유재산 소유자로서 보수적으로 변해 있었으며, 빈농과 하층 도시민들은 자신들의 대표자인 과격파나 에베르파가 탄압당하는 것을 보고 방심과 혼미 속을 헤매고 있었다."

한국 진보세력이 늘 딜레마에 빠지기 쉬운 지점도 바로 이 근처가 아닐까.

"전쟁이 일단 승리를 거둔 것과 동시에 로베스피에르파는 몰락했다. '제3차 혁명'은 산악파에 의해 윤곽이 그려진 채 좌절했다. 자본주의가 막 출발하려 하고 있을 때 모든 인간을 소부르주아로 육성해 고정시키려 한 것은 역사의 법칙 그 자체에 대한 도전이었다."

"이제 막 발아한 산업자본을 보호하기 위해서는 강대한 군사력과 군사독재가 필요했다. 부르주아는 부르주아적 지배를 유지하기 위해 부르주아적 정치방식인 의회주의를 폐기하지 않을 수 없는 역설에 빠졌다. 혁명 덕택에 이제까지의 자경지에다 새로운 국유재산까지 추가로 얻게 된 수백만의 농민들, 이른바 '분할지 농민'들은 보나파르트의 집행권력 강화를 환영했다. 왜냐하면, 그들은 보나파르트의 권력이 왕당파의 공세뿐만 아니라 테르미도르나 총재정부 시대의 자유롭고 무제한적인 자본의 공세로부터도 자신들을 지켜줄 것이라 믿었기 때문이다."

그리하여 혁명은 끝났다. 그러나 나폴레옹은 혁명의 유산을 지켜내겠다고 맹세해야 했다.

4차혁명, AI혁명, 탈자본주의, 동아시아 탈냉전 담론들이 횡행하는 시절에 어쩌면 낡은 이런 이야기들이 새롭게 다가올 수 있지 않을까.

2018년 봄
한승동

지은이 / **가와노 겐지**(河野健二)

일본의 도쿠시마(德島)에서 태어나 교토(京都)대학 경제학부를 졸업했다. 경제사와 경제
사상사를 전공했으며, 교토대학 인문과학부연구소 교수를 거쳐 교토시립예술대학의
학장을 역임했다. 저서로는『절대주의의 구조』,『프랑스 혁명과 그 사상』,『현대사의
개막』(岩波新書) 등이 있다. 이와나미(岩波)신서로 간행된 이 책『짧게 쓴 프랑스 혁명사』
는 일본의 인문사회과학 분야에서 오랜 기간 수많은 사람들이 읽은 주목할 만한 '스테
디셀러' 중의 하나였다.

옮긴이 / **한승동**

1957년 생. 1988년《한겨레》창간 때부터 기자로 일했으며, 도쿄 특파원, 국제부장, 문
화부 선임기자, 논설위원 등을 지낸 뒤 2017년 말 정년퇴임했다. 지은 책으로『대한민
국 걸어차기』,『지금 동아시아를 읽는다』가 있으며, 옮긴 책으로『우익에 눈먼 미국』,
『시대를 건너는 법』,『나의 서양음악 순례』,『디아스포라의 눈』,『희생의 시스템 후쿠
시마 오키나와』,『속담 인류학』,『멜트다운』,『보수의 공모자들』,『폭력은 어디서 왔
나』,『내 서재 속 고전』,『재일조선인』,『다시 일본을 생각한다』등이 있다.

**짧게 쓴 프랑스 혁명사**

1판 1쇄 인쇄    2018년 5월 15일
1판 1쇄 발행    2018년 5월 20일

지은이          가와노 겐지(河野健二)
옮긴이          한승동
펴낸이          조추자
펴낸곳          도서출판 두레
등록            1978년 8월 17일 제1-101호
주소            주소 (04207)서울시 마포구 마포대로 14가길 4-11
전화            02)702-2119(영업), 02)703-8781(편집)
팩스 / 이메일    02)715-9420 / dourei@chol.com

•  가격은 뒤표지에 적혀 있습니다.
•  잘못 만들어진 책은 구입하신 곳에서 바꾸어 드립니다.
•  이 도서의 국립중앙도서관 출판예정도서목록(CIP)은 서지정보유통지원시
   스템 홈페이지(http://seoji.nl.go.kr)와 국가자료공동목록시스템(http://www.
   nl.go.kr/kolisnet)에서 이용하실 수 있습니다.(CIP제어번호: CIP2018012273)

ISBN  978-89-7443-115-0  03920